Alfred Läpple

BENEDIKT XVI.
und seine Wurzeln

Was sein Leben
und seinen Glauben prägte

Alfred Läpple

BENEDIKT XVI.
und seine Wurzeln

Was sein Leben
und seinen Glauben prägte

SANKT
ULRICH
VERLAG
GmbH

Bibliographische Information der Deutschen Bibliothek

Die Deutsche Bibliothek verzeichnet diese Publikation in der
Deutschen Nationalbibliographie; detaillierte bibliographische Daten
sind im Internet über http://dnb.ddb.de abrufbar.

© 2006 by Sankt Ulrich Verlag GmbH, Augsburg
Alle Rechte vorbehalten
Umschlaggestaltung: UV Werbung, Die KreativAgentur
Mediengruppe Sankt Ulrich Verlag, Augsburg
Titelbild: privat
Fotos Innenteil: privat
Für die Texte von Papst Benedikt XVI.: © Libreria Editrice Vaticana (LEV) 16.2.2006
Druck und Bindung: Ebner & Spiegel, Ulm
Printed in Germany
ISBN-10: 3-936484-79-1
ISBN-13: 978-3-936484-79-3
www.sankt-ulrich-verlag.de

INHALT

Nicht in den Zweigen steckt die Kraft,
sondern in den Wurzeln. Nur wer tief verwurzelt ist,
der wird Stürme überstehen und Unwettern trotzen ...
Durch die Wurzeln gewinnt der Baum Stand und Halt.
Man sagt,
ein Baum habe genausoviele Wurzeln unter der Erde,
wie er Zweige nach oben hin ausstreckt.
Der Durchmesser der Krone entspricht dem der Wurzeln.

Hermann Hesse (1877–1962)

Der Anlass dieses Buches

Dieses Buch wäre nicht geschrieben worden, wenn es ein ganz persönliches Ereignis, das welt- und kirchengeschichtliche Ausmaße hatte, nicht gegeben hätte. „Es gibt oft Erlebnisse", schrieb der Innsbrucker Bischof Reinhold Stecher, „die für den, der davon betroffen ist, eine geradezu zeichenhafte, symbolträchtige Bedeutung haben." Welches war mein Erlebnis? Am Spätnachmittag des 19. April 2005, es war ein Dienstag, saß ich, wie viele Millionen auf dem ganzen Erdenrund, an meinem Fernsehgerät in meinem Haus in Oberbayern, in Gilching. Daß Kardinal Joseph Ratzinger seit Jahren papabile war, hatte sich weltweit herumgesprochen. Aber er war am 16. April 2005 bereits 78 geworden. Als Kardinal Angelo Giuseppe Roncalli am 28. Oktober 1958 zum Papst gewählt wurde, war er 77 Jahre alt. Man sprach deshalb von Johannes XXIII. als einem Übergangspapst.

Als von der Loggia der römischen Peterskirche an jenem 19. April 2005 verkündet wurde: „Habemus Papam", war im Gewirr der Geräusche im Fernsehen noch der Name „Josephum" zu hören. Da schoß es mir durch den Kopf: Das kann nur Ratzinger sein. Ich möchte nicht an seiner Stelle sein. – Als kurze Zeit später der neugewählte Papst Benedikt XVI. auf der Loggia erschien, präsentierte er sich mit erhobenen Händen, mit einem strahlenden und glücklichen Gesicht.

Diesem Mann war ich seit über einem halben Jahrhundert verbunden. In einem Namenstagsbrief hatte ich Kardinal Joseph Ratzinger am 19. März 1997 geschrieben: „Ich danke Gott, daß ich Dir begegnen durfte! Ich danke Dir, daß Du mir eine über 50 Jahre dauernde Freundschaft geschenkt hast! Ich danke Gott, daß er Dich auf den schweren und verantwortungsvollen Posten eines Präfekten der Glaubenskongregation berufen hat!"

Papst Benedikt XVI. ist in seiner Güte, Wahrhaftigkeit und Menschlichkeit ein Fels in der Brandung, der vielen Menschen in seiner Theologie des Herzens Halt und Orientierung gibt.

Denn der Mensch,
der zur schwankenden Zeit auch schwankend gesinnt ist,
der vermehret das Übel und breitet es weiter und weiter;
aber wer fest auf dem Sinne beharrt,
der bildet die Welt sich.
JOHANN WOLFGANG VON GOETHE (1749–1832)

Vielfach angesprochen, mündlich und schriftlich gebeten, schließlich auch durch unrichtige Äußerungen und unverzeihliche Fehldeutungen seiner Vermarktung herausgefordert und von Freunden, Kirchenvertretern und Verlagen bedrängt, wuchs in mir die Überlegung, festigte sich aus der Überlegung die Verantwortung und schließlich aus der Verantwortung die Verpflichtung, dieses Buch zu schreiben. Dieses Werk bietet keine tiefschürfende Biographie, nicht einmal die Skizze einer Biographie.

Bei der Niederschrift dieses Werkes überfiel mich immer wieder der Gedanke, ob man aus Briefen, die sehr Persönliches enthalten, zitieren darf, ohne den Adressaten um Erlaubnis gebeten zu haben. Sollten nicht andererseits Erlebnisse und Ereignisse, die so nur mir allein vertraut waren, nicht für eine spätere Biographie, die ein Berufenerer als ich verfassen wird, festgehalten werden? Nur in andeutenden Skizzen und ohne Nötigung und Vorgaben eines Verlages soll festgehalten werden, was in dieser Form nur mir allein bekannt war – seit Beginn unserer Freundschaft im Jahre 1946. Ich versuche zu beschreiben und zu belegen, aus welchen Wurzeln sein Leben und Denken, sein Glauben und Beten gewachsen sind – jenes innere Porträt seiner Biographie und Theologie, die entscheidende Prägungen in jener frühen Zeit empfangen haben. Aus dieser Verpflichtung des Herzens – oder richtiger –, aus dem dankbaren Impuls des Herzens wurden diese Texte geschrieben und wollen diese Texte gelesen werden.

Leitwort war mir bei der Niederschrift der Wappenspruch, den John Henry Newman bei seiner Kardinalsernennung 1879 gewählt hatte: „Cor ad cor loquitur – Das Herz spricht zum Herzen."

Geschrieben in Gilching, wo Joseph Ratzinger 1943 als Luftwaffenhelfer der Flak eingesetzt war.

ERSTBEGEGNUNG 1946

Niemand kann die Zeit seines Lebens, seine Eltern, seine Muttersprache und sein Vaterland wählen. Gibt es die Gnade der frühen oder der späten Geburt?
Mit 30 Jahren wurde ich am 20. November 1945, zum Freisinger Korbiniansfest, aus dem Krieg (und der amerikanischen Kriegsgefangenschaft) entlassen, in den meine Generation durch jenen Mann aus Braunau hineingerissen wurde, der der entsetzlichen Versuchung erlegen war, nicht nur wie Gott zu sein (Gen 3,5), sondern auch selbst Gott zu „spielen".
Erst nach dem Zweiten Weltkrieg ist mir ein Wort des Erzbischofs Gröber von Freiburg (1932–1948) bekannt geworden, der die damalige Stimmung vieler Katholiken zur Sprache gebracht hat:

Wir sind zu ernst und zu verwachsen mit unserem Vaterland und Volk, als daß wir ihn (den Krieg) mit Jubel begrüßen ... Möge er nicht Ströme von Tränen den Augen der Menschen entpressen und mit Fluten von Blut die Erde röten. Zu Gott aber wollen wir auf den Knien und aus der Inbrunst unserer Seelen beten: Laß den Krieg kurz sein, o Herr! ... Laß es einen Krieg sein, o Herr, aus dem ein dauernder Friede entspringt!
Erzbischof Conrad Gröber: Hirtenwort vom 4. September 1939

Von 1939 bis 1945 bei der Luftwaffe, hatte auch mich die Sorge begleitet: Wie und wann wird der Krieg enden, und was kommt dann? 1942 hatte ich auf einem Offizierslehrgang in Baden bei Wien auf die Offizierslaufbahn verzichtet: Siegt Hitler, dann gibt es für mich kein Theologiestudium, keinen Weg zum Priestertum. Nur eine Niederlage, ein verlorener Krieg kann den Weg zum Theologiestudium und zur Priesterweihe öffnen ...
Viele Fragen sind so bereits während des Krieges laut geworden: Warum hat man nicht Nein gesagt? Wolfgang Borchert (1921–1947), Kriegsteilnehmer und Schriftsteller, hat in der

Alfred Läpple, Kriegseinsatz bei der Luftwaffe 1939–1945

Szenenfolge „Draußen vor der Tür" einige dieser Fragen formuliert, die mit mir viele andere quälten: „Lieber Gott, du hast
nicht hingehört, als die Bomben brüllten ... wir haben dich in
jedem Granattrichter gesucht."

Wenige Tage vor meiner Heimkehr aus Krieg und Gefangenschaft hat Ernst Wiechert (1877–1950) am 11. November 1945
in den Münchner Kammerspielen einen Vortrag gehalten, den
ich später in die Hände bekam. Er hat darin ausgesprochen, was
viele unausgesprochen dachten und getan haben.

*Dies laßt uns bedenken, meine Freunde, und laßt es uns auch denen
zurufen, die den Sieg gewonnen haben über das Volk ... Wir wissen,
daß Tausende sich abgewendet haben von den Dämonen und daß
es langsam Hunderttausende und Millionen wurden ... von denen*

ich weiß, daß sie nicht wagten, ihre Lippen zu öffnen, weil das den
Tod bedeutete … Sie waren gehorsam und sie waren still, aber jeder
Schritt ihres Lebens war ein Dornenweg, und in den Nächten, wenn
niemand sie sah, rangen sie die Hände zu ihrem Gott und sie beteten
um den Sieg der Feinde. Weiß die Welt, was solch ein Gebet bedeutet?
Weiß sie, was ein Volk gelitten haben muß, um so zu beten?
ERNST WIECHERT: REDE AN DIE DEUTSCHE JUGEND, 1945, S. 34–35

Es war ein langer, sechsjähriger Krieg, der in den Annalen der
Geschichte mit Blut und Tränen eingeschrieben bleibt. In der
Kleidung eines „Prisoner-of-war", mit dem aufgestempelten
„PW" auf dem Rücken und abgemagert, ging ich, angekommen
im Hauptbahnhof, durch das zerstörte München. Erschüttert
stand ich vor den Stätten meiner theologischen Studien vor dem
Zweiten Weltkrieg. Universität, Staatsbibliothek und Priester-
seminar Georgianum lagen in Trümmern.

Nach meinem Wiedersehen mit der Mutter und meinem jüngeren, bereits aus dem Krieg heimgekehrten Bruder meldete ich
mich telefonisch im Priesterseminar Freising zurück. Niemand
wußte, wie es weitergehen sollte. In dieser Zeit der Ungewißheit
war es wie ein Lichtzeichen der Freude und der Hoffnung, zu
erfahren: Im Freisinger Priesterseminar, mit dem Hof der ehemaligen bischöflichen Residenz und seinen aus dem 16. Jahrhundert stammenden Arkaden, ist seit dem 20. November 1945,
ernannt durch Kardinal Michael von Faulhaber (Erzbischof
1917–1952), Dr. Michael Höck, neuer Regens.

Konnte das gutgehen, ein ehemaliger KZ-Häftling mit Nr.
26678 als Regens von Seminaristen, die viele Jahre zwischen
Sturm und Sturm gestanden hatten und nun – gar nicht selten
sogar im Offiziersrang – zurückkehrten? Doch Kardinal Faulhaber hatte eine gute, eine segensreiche Wahl getroffen: Regens
Höck war der Richtige, zur richtigen Zeit und für die richtigen
Seminaristen.

„Michi", wie wir ihn liebevoll und mit großem Respekt nann-
ten, war bereits im Freisinger Knabenseminar 1931 bis 1934
mein Präfekt gewesen. Er erlebte und überlebte dann 1941 bis
1945 die Konzentrationslager Sachsenhausen und Dachau.

13

Dr. Michael Höck, Regens des Priesterseminars in Freising

Als ich in den ersten Januartagen 1946 nach Freising kam, ging mein alter Freund Michi freudestrahlend auf mich zu: „Alfred, ich habe bereits auf dich gewartet! Du bekommst eine schöne und wichtige Aufgabe, für die du genau der Richtige bist."

Er führte mich in den „Roten Saal" (wie dieser Festsaal wegen seiner roten Seidentapete genannt wurde), der mit hölzernen Studierpulten vollgestellt und mit fast 50 Studienanfängern des Priesterseminars besetzt war. Und dann sprach er: „Das ist euer Präfekt! Ihr werdet euch mit ihm, den ich seit vielen Jahren kenne, gut verstehen."

Unter diesen Neuanfängern im Roten Saal war ein Brüderpaar – Georg Ratzinger, der spätere Regensburger Domkapellmeister, und sein jüngerer Bruder Joseph Ratzinger, der spätere Kardinal und Papst.

Noch als Kardinal hat er autobiographische Aufzeichnungen der Jahre 1927–1977 niedergeschrieben (die er mir unmittelbar nach dem Erscheinen mit Widmung vom 25. März 1998 geschenkt hat). Dort konnte ich lesen:

Als eine wichtige Fügung erwies es sich, daß uns als Präfekt für unseren Studiersaal (Einzelzimmer gab es nicht) ein soeben aus amerikanischer Kriegsgefangenschaft zurückgekehrter Theologe zugeteilt wurde. Alfred Läpple, der später als Religionspädagoge in Salzburg wirken und als einer der fruchtbarsten religiösen Schriftsteller unserer Zeit berühmt werden sollte. Er hatte schon vor dem Krieg bei dem Münchener Moraltheologen Theodor Steinbüchel die Arbeit an einer theologischen Dissertation über den Begriff des Gewissens bei Kardinal Newman begonnen und wurde mit seinen weitgespannten Kenntnissen in der Geschichte der Philosophie wie mit seiner Lust am Disput zu einem großen Anreger. Ich las die zwei Bände der philosophischen Grundlegung der Moraltheologie von Steinbüchel, die soeben in neuer Auflage erschienen waren, und fand darin vor allem eine treffliche Hinführung zum Denken von Heidegger und Jaspers wie auch zu den Philosophien von Nietzsche, Klages, Bergson. Fast noch wichtiger wurde mir Steinbüchels Buch „Der Umbruch des Denkens": Wie man in der Physik eine Abkehr vom mechanistischen Weltbild und eine Wende zu neuer Offenheit für das Unbekannte und so auch für den bekannt Unbekannten, Gott, glaubte feststellen zu dürfen, so auch in der Philosophie: eine neue Hinkehr zu der seit Kant unzugänglich gewordenen Metaphysik. Steinbüchel, der seinen Weg mit Studien über Hegel und über den Sozialismus begonnen hatte, stellte in dem erwähnten Buch den vor allem durch Ferdinand Ebner bewirkten Aufbruch zum Personalismus dar, der wohl auch ihm selber zu einer Wende seines geistigen Weges geworden war. Die Begegnung mit dem Personalismus, den wir dann bei dem großen jüdischen Denker Martin Buber mit neuer Überzeugungskraft durchgeführt fanden, ist für mich zu einem wesentlich prägenden geistigen Erlebnis geworden, wobei sich mir dieser Personalismus wie von selbst mit dem Denken Augustins verband, das mir in den „Bekenntnissen" mit seiner ganzen mensch-lichen Leidenschaft und Tiefe begegnete.

JOSEPH CARDINAL RATZINGER: AUS MEINEM LEBEN, 1998, S. 48–49

Sehr bald wurde im Priesterseminar Freising von den Seminari-sten wie auch von der Vorstandschaft, wie sich nach Jahrzehnten der Domkapellmeister Georg Ratzinger noch klar erinnert, das Brüderpaar mit den Spitznamen „Orgel-Ratz" und „Bücher-Ratz" gerufen.

Was mich bereits vor dem Zweiten Weltkrieg in meinen phi-losophischen und theologischen Studien an der Universität München bewegte, ist während des Krieges lebendig geblieben. Vor allem mein Doktorvater Theodor Steinbüchel hielt seinen Briefwechsel während des ganzen Krieges aufrecht, so daß ich seine Sendungen bald in Frankreich, bald in Rußland erhielt. Mit großer Freude und zur Ermutigung bekam ich seine Ar-tikelreihe „Die personalistische Grundhaltung des christlichen Ethos" aus der Zeitschrift „Theologie und Glaube" als Sonder-druck des 31. Jahrganges (1939).

Bereits hier ein Wort über Regens Dr. Michael Höck, der in diesem Buch noch wiederholt erwähnt und zitiert wird! Ich hatte ja Michael Höck bereits in den 30er Jahren als Präfekt im Erzbischöflichen Knabenseminar in Freising erlebt. Er war bis 1937 Chefredakteur der „Münchener Katholischen Kirchenzei-tung", die sich mutig dem Nationalsozialismus entgegenstellte. In den Ferien hatte ich ihn öfter in seiner Heimat Inzell be-sucht. Mit ihm habe ich 1934 per Fahrrad an einem Treffen der katholischen Jugend in Salzburg teilgenommen, wo ich erstmals der aus Rußland ausgewiesenen Schriftstellerin Alja Rachma-nowa (1898–1991) begegnete. Neben ihrem Werk „Milchfrau in Ottakring" (1933) hat mich ihr 1935 erschienenes Buch „Die Fabrik des neuen Menschen" zeitlebens in Atem gehalten.

Dr. Michael Höck wurde am 23. Mai 1941 (fast genau einen Monat vor Beginn des Rußlandfeldzuges am 22. Juni 1941) fest-genommen und zusammen mit dem evangelischen Pastor Martin Niemöller, dem damaligen Domkapitular (und späteren Mün-chener Weihbischof) Johannes Neuhäusler und dem Abt der

16

Joseph Ratzinger als Luftwaffenhelfer, 1943

Benediktinerabtei Metten, Korbinian Hofmeister, im sogenannten Kommandaturarrest des Konzentrationslagers Dachau festgehalten. Seine Befreiung erlebte Michael Höck am Sonntag,
29. April 1945 durch die Amerikaner. Von ihm erfuhr ich au-
thentisch, was an Schrecken in den KZ-Lagern geschehen war.
Erstaunlich und befreiend war es, daß er durch das KZ aber
nicht hart und verbittert geworden war. Er war und blieb eine
Priesterpersönlichkeit der Güte und Menschlichkeit, der Welt-
gelassenheit und der ökumenischen Versöhnung. Wo immer es
notwendig war, hat er sich zu Wort gemeldet, etwa zum US-
Fernsehfilm „Holocaust" (deutsche Ausstrahlung 1979) oder
zu Buchveröffentlichungen und Zeitschriftenartikeln, um Ver-
zeichnungen und Fehlaussagen aufzudecken und für Wahrheit
und Gerechtigkeit einzutreten. Nur ein ehemaliger KZ-Insasse
wie Michael Höck konnte es sich leisten, über die Wachmann-
schaften zu schreiben:

... es haben im historischen Verlauf der Greueltaten immer wieder Lichter aufgeleuchtet. Nicht nur, daß Häftlinge einander geholfen haben, auch bei der SS waren einige dabei, die ihre innere Abscheu vor den Greueln zum Ausdruck brachten; denen man abnehmen konnte, daß sie darunter litten, daß sie hier mißbraucht wurden. Man ist im KZ nicht nur Bestien begegnet, sondern Menschen, die oft in die Maschinerie hineingezwungen waren.
MICHAEL HÖCK IN: MÜNCHENER KATHOLISCHE KIRCHENZEITUNG VOM 11. FEBRUAR 1979

Das Pontifikalrequiem am 5. April 1946

Das erste Nachkriegssemester (Wintersemester 1945/1946) der Philosophisch-Theologischen Hochschule in Freising war mit den erforderlichen Examen Ende März abgeschlossen gewesen. Der neue Kurs mit den Ratzinger-Brüdern hatte seine ersten Hochschulexamen abgelegt. Der Abschlußgottesdienst wurde als Pontifikalrequiem durch den Erzbischof von München und Freising, Kardinal Michael Faulhaber gefeiert, und zwar für die Gefallenen der Priester- und Theologengeneration des Zweiten Weltkriegs: 23 Priester, 72 Seminaristen des Priesterseminars, 13 Gymnasiasten des Knabenseminars. Zum Requiem waren auch die Angehörigen der Gefallenen eingeladen.

Mit mächtigem Schwung und dunklem Klang läutete vom südlichen Domturm die 165 Zentner schwere Korbiniansglocke (1724 gegossen aus türkischen Geschützen, die der bayerische Kurfürst Max Emanuel bei der Eroberung von Belgrad 1688 erbeutet hatte). Beim Einzug in den überfüllten Dom kamen nach den langen Reihen der mit Chorrock bekleideten Philosophie- und Theologiestudenten des Freisinger Priesterseminars viele Welt- und Ordenspriester, der ehemalige Regens Dr. Johann Westermayr, der während des Zweiten Weltkrieges mit seinen Theologiestudenten, die zum Waffendienst eingezogen waren, einen äußerst regen Briefverkehr hatte, dann der neue Regens Dr. Michael Höck, der Generalvikar Ferdinand Buchwieser mit den Domkapitularen, unter diesen der fünf Jahre in den KZs Sachsenhausen und Dachau festgehaltene Domkapitular Johannes Neuhäusler (1947 zum Weihbischof geweiht). Den Abschluß dieses feierlichen Zuges bildete Kardinal Michael von Faulhaber: segnend, während er unter einem Baldachin einzog.

Niemanden störte es, daß fast alle Fenster im oberen Gewölbe des Freisinger Doms offen waren. Sie waren bei einem der letzten Bombenangriffe auf den Domberg und die Stadt Freising am 18. April 1945 zerstört worden. Allseits sichtbar stand vor dem Hochaltar die schwarz umhüllte Tumba – Zeichen der 103 im Zweiten Weltkrieg gefallenen Priester, Theologiestudenten und Knabenseminaristen. Im dritten und letzten Teil seiner mit Spannung und innerer Anteilnahme gehörten Predigt wandte sich der Erzbischof, der ohne Manuskript sprach, an die im Chorgestühl des Doms versammelten heimgekehrten Philosophie- und Theologiestudenten, unter denen auch das Brüderpaar Ratzinger saß. Wohl in keiner anderen Predigt oder Ansprache hat Kardinal Faulhaber so deutlich und schonungslos die NS-Weltanschauung kritisiert wie während des Pontifikalrequiems am 5. April 1946 im Freisinger Dom. Er sprach von Lebensgrundsätzen, „die entweder aus dem Irrenhaus oder aus der Hölle stammen … Ich meine den Rassenhochmut, der den Keim zum ewigen Völkerkrieg in sich trägt."

Wortlaut des dritten Abschnitts der Kardinalspredigt:

Die Heimgekehrten müssen für die Heimkehr dem Herrn und der Mutter des Herrn danken und immer wieder danken. Jede Kommunion muß eine Feier der „Eucharistie", das heißt eine Danksagung sein. Aus vielen Briefen, die ich mit ergriffener Seele gelesen habe, habe ich den Eindruck bekommen: Diese Briefschreiber haben im schweren Kriegsdienst, im Angesicht des Todes eine geistige Reife bekommen, die sie in ruhigen Jahren als Studenten der Hochschule nicht erreicht hätten. Wir werden diese Briefe sammeln und im Archiv des Seminars hinterlegen als Zeugnisse für spätere Zeiten. Mit der Gnade Gottes war für manche der Krieg ein Stück Seminar, eine Vorschule für das Priestertum.
Mit dem Dank für die eigene Heimkehr wird sich ohne weiteres das lebenslängliche tägliche Memento für die nicht mehr Heimkehrenden

verbinden. Es ist etwas Unheimliches, wie schnell die Menschen ver-
gessen. Ihr aber werdet die nicht mehr heimkehrenden Brüder zeit-
lebens nicht vergessen. Euch klingt deren letzte Bitte ständig in den
Ohren: „Wenigstens ihr, meine Freunde, erbarmet euch meiner"
(Joh 19,21). Für euch bleibt es eine Pflicht der Gerechtigkeit. Manche
von euch erhalten heute noch die erste Tonsur und hören dabei das
Gebet: Der Herr mache dich zu einem neuen Menschen, zu einem
Menschen der Gerechtigkeit und echten Heiligkeit.
Die Heimgekehrten müssen als künftige Priester an dem großen Pro-
blem mitarbeiten, unser Volk umzuschulen. Metanoeite, lernt das Um-
denken, das geistige Sichumstellen. Es sind in unser Volk Gedanken
und Lebensgrundsätze geworfen worden, die nicht mehr menschlich
sind, die entweder aus dem Irrenhaus oder aus der Hölle stammen.
Es waren auch Geister aus der Tiefe, es waren auch Dämonen mit
am Werk. Ich meine den Rassenhochmut, der den Keim zum ewigen
Völkerkrieg in sich trägt. Ich meine den wahnsinnigen Gedanken, der
moderne Krieg könne einem Volk Wohlstand und glückliche Zukunft
bringen, nur müsse ein Volk bis auf den letzten Mann zu sterben
wissen. Ich meine den satanischen Grundsatz, mit einem kriminell
Belasteten müsse seine ganze Sippe umgelegt werden. Ich meine den
teuflischen Haß, der die Ausrottung zuerst der Nichtarier und dann
des Christentums forderte. Unser Volk muß umlernen und diese
wahnsinnigen Grundsätze abschütteln. Durch die Überspannung der
Staatsrechte sind die Rechte der einzelnen Persönlichkeit im Wider-
spruch mit dem Naturrecht zu kurz gekommen. Diese Menschenrechte
müssen den einzelnen zurückgegeben werden. Wir dürfen aber dabei
nicht dem anderen Extrem verfallen und die Menschenrechte über-
spannen. Theologen, Gottesmänner müssen für Gottes Rechte auch im
Gemeinschaftsleben eintreten. Metanoeite! Metanoeite!
Die letzte und höchste Aufgabe der Heimgekehrten aber bleibt, ein
Seelsorger nach dem Herzen Gottes werden! Vita a Deo – vita Deo!
Das Leben, das Gott den Heimgekehrten neu geschenkt hat, muß für
Gott gelebt werden. „Leben wir, so leben wir für den Herrn." Es ist
nicht eure Aufgabe, schon im Seminar große Reformpläne zu schmie-
den. Es ist eure Aufgabe, durch ernste Aszese und ernstes Studium
sich auf den Tag der Priesterweihe und auf die Seelsorge vorzuberei-
ten. Die Felder sind reif zur Ernte. Euer persönlicher Kriegsdienst

Kardinal Michael von Faulhaber,
Erzbischof von München und Freising

wird euch im besonderen das Ansehen und das Vertrauen geben, für die Seelen der Jugend und der Männerwelt überhaupt zu wirken. Die Haltung von vielen Jungmännern in den Kriegsjahren hat den Beweis erbracht, daß die Arbeit der Priester in den Jugendvereinen der Vorkriegszeit nicht umsonst war. Das muß in den Heimgekehrten die Freude an der Jugendseelsorge wecken. Sagt der Jugend: Der Militarismus ist abgeschafft, die Rückkehr zum Soldatspielen ist verboten. Aber nicht verboten ist es, „ein guter Christ zu sein" (2 Tim 2,3). Nicht verboten ist es, mit den Waffen des Geistes die Schlachten des Herrn zu schlagen und in moralischer Hinsicht im Kampf um die Reinheit ein Held zu sein. Sagt den Männern, sie sollten von Offizieren der Besatzung lernen, ohne Menschenfurcht sich als katholische Männer zu bekennen.

Vor der Tumba meiner Diözesanpriester und Seminaristen wende ich mich an meine ganze Erzdiözese: Mit dem Ausfall von 72 Seminaristen ist eine furchtbare Lücke in die Reihen der künftigen Seelsorger gerissen. Diese Lücke muß ausgefüllt werden. Wir werden die zerstörten Kirchen wieder aufbauen, aber wir müssen für die neuen Kirchen Seelsorger stellen. Ich habe das Vertrauen, meine Erzdiözese wird die Seminarien der Diözese unterstützen und durch den Korbiniansverein die Zukunft der Seminarien sicherstellen.

Wir mögen leben oder sterben, wir gehören dem Herrn. Amen.

Michael Kardinal Faulhaber: Predigt vom 5. April 1946 in Freising

Nach dem Pontifikalrequiem traf ich als Präfekt im Roten Saal die jungen Philosophiestudenten in schweigender Betroffenheit. Fast jeder sagte: „Der Kardinal hat genau mich angesprochen und setzt große Erwartungen auf mich." Jeder stand still und meditierend an seinem Studierpult: Weil ich heimkehren durfte, kann ich nur „danken und immer wieder danken". Diese Grundstimmung blieb ein innerer und wachsender Impuls im Priesterseminar Freising. Mit großem Ernst sein Studium aufzugreifen, um ein guter Priester zu werden!

Am Abend des gleichen Tages erteilte Kardinal Faulhaber in der Hauskapelle des Priesterseminars die Tonsur und an den beiden folgenden Tagen im Freisinger Dom die Niederen Weihen (Ostiarier und Lektor, Exorzist und Akolyth). Das Pontifikalrequiem wie die Erteilung der Weihen waren für die im ersten Semester stehenden Philosophiestudenten, wie ich aus Gesprächen im Roten Saal erfahren konnte, mehr als ein momentanes Erlebnis. Es war ein Geschenk der Berufungsgnade! Innere Festigung und vertiefte Christustreue, studierend und betend dem Tag der eigenen Priesterweihe entgegenzugehen, um in der Diözese des Gründerbischofs, des hl. Korbinian, ein guter Seelsorger zu werden – wo immer der Erzbischof einen braucht und einsetzt.

Bei einem Jugendtreffen im Vatikan (2005) hat Papst Benedikt XVI. seine Berufung auch als Gegenreaktion gegen die Grausamkeiten des NS-Regimes bezeichnet. Im Kontrast zu dieser Kultur der Unmenschlichkeit habe er begriffen, daß Gott und der Glaube den richtigen Weg weisen. Daraufhin habe er sich entschlossen, Priester zu werden.

Zu den nicht mehr heimgekehrten Seminaristen des Priesterseminars Freising gehörte Franz Wipplinger, der bereits vier Semester Philosophie an der Freisinger Hochschule studiert hatte. Er gehörte wie ich zum Jahrgang 1915, hatte aber unmittelbar nach seinem Abitur 1936 den Reichsarbeitsdienst abgeleistet und trat erst 1937 in das Priesterseminar Freising ein. Zu Kriegsbeginn 1939 wurde er zur Wehrmacht einberufen.

Aufgrund eines Tagebuches wurde Franz Wipplinger am 31. August 1944 wegen Volksverhetzung zum Tod verurteilt und am 24. Oktober 1944 in Berlin-Spandau erschossen. Für den im Martyrologium der Erzdiözese München und Freising eingetragenen Märtyrer Franz Wipplinger wurde bereits am 1. März 1946 ein Requiem als Auferstehungsmesse gehalten (vgl. dazu: Blutzeugen der Erzdiözese München und Freising, Hrsg. Peter Pfister, 1999).

Erst später wurde uns bekannt, daß im gleichen Jahr 1946 Gottlieb Söhngen, damals noch Professor an der Friedrich-Wilhelm-Universität in Bonn, in der St. Elisabethkirche in Bonn zur Eröffnung des Wintersemesters 1946/1947 am 10. November 1946 die Universitätspredigt gehalten und darin „dem deutschen Volk in seiner Not" die Trostworte aus dem Propheten Jeremia (31,3–4) zugerufen hat: „Mit ewiger Liebe habe ich dich geliebt ... Ich baue auf dich, du sollst neu gebaut werden ..."

DIE SUCHE
NACH ORIENTIERUNG

Die Seminaristen im Priesterseminar Freising im Jahr 1946 (nur ein Drittel, der alte Hof bis zum großen Speisesaal, stand zur Verfügung; der größte Teil blieb lange Zeit noch Lazarett) waren in vielfältiger Sicht „ein bunter Haufen" – im Altersunterschied (ich war Jahrgang 1915, der Neuanfänger Joseph Ratzinger war Jahrgang 1927) – in kürzeren oder längeren Kriegseinsätzen und Truppengattungen, militärischen Rangstufen und Kriegsschauplätzen wie Kriegsauszeichnungen – im Unterschied der akademischen Semester: vom Neuanfänger bis zu jenen, die unmittelbar vor der theologisch-wissenschaftlichen Abschlußprüfung, dem Synodale, standen.

Während meiner achtmonatigen amerikanischen Kriegsgefangenschaft (vom 10. April bis zum 20. November 1945) hatte ich viel Zeit nachzudenken, wo ich stehe und wie es weitergehen soll.

In der Nähe von Arnsberg-Oeventrop (Sauerland) geriet ich am 10. April 1945 in amerikanische Kriegsgefangenschaft im sogenannten „Ruhrkessel". Über Hamm, Dülmen und Namur kam ich in das Kriegsgefangenenlager Foucarville südlich von Le Havre. Dort war ich unter Prisoner-of-war-Nr. 316 31112 334 registriert.

Wegen der Beendigung des Zweiten Weltkrieges wurden viele Soldaten, die in die Gefangenschaft der amerikanischen Truppen gerieten, nicht mehr in die USA gebracht. Eines der größten amerikanischen Kriegsgefangenenlager auf französischem Boden war Foucarville mit fast einer halben Million Gefangenen.

Mit Hilfe des katholischen Lagerkaplans der amerikanischen Lagerbesatzung gelang es, über das Prison-Office alle katholischen und evangelischen Geistlichen und Theologiestudenten in einer Lagereinheit zu vereinen. Dabei entstand unter meiner Leitung, unterstützt von Richard Lipold (später Diözesan-

Freisinger Domberg, vorn das Priesterseminar (Kreuz: Zimmer, siehe S. 97)

jugendseelsorger, † 1995), eine „Lager-Universität" mit einem vielbesuchten Vorlesungsbetrieb und einer kleinen Bibliothek (unter den vielen Kriegsgefangenen waren nicht wenige wissenschaftliche, musikalische und künstlerische Kapazitäten).

Der amerikanische Lagerkommandant riet uns ab, nach Chartres umzusiedeln, da eine Entlassung aus amerikanischer Kriegsgefangenschaft noch im Herbst 1945 möglich sei.

Am 29. Oktober 1945 wurde ich mit vielen Freunden und Theologiestudenten von Foucarville nach Darmstadt überstellt und dort am 20. November 1945 (dem Tag des Korbiniansfestes in Freising) aus der amerikanischen Kriegsgefangenschaft und letztlich aus dem Einsatz der Luftwaffe während des Zweiten Weltkrieges (1939/45) in die zivile Freiheit, in die „herrliche Freiheit der Kinder Gottes" (Röm 8,21) entlassen.

26

Ein schriftliches Dokument, eine autobiographische Kostbarkeit, blieb in den Zerstörungen des Zweiten Weltkrieges erhalten, das nicht nur einen authentischen Einblick in meine Vergangenheit vermittelt, sondern in meinem späteren Leben und Wirken fundamental und richtungweisend geblieben ist.

Es entstand als knappe Disposition im August 1939. Es wurde zu einer Vorlesungsreihe ausgestaltet, die ich in der eben beschriebenen Lager-Universität in Foucarville im August 1945 gehalten habe. Diese Premiere meiner schriftstellerischen Tätigkeit wurde bereits vor meiner Priesterweihe 1947 in der in Nürnberg erschienenen Zeitschrift „Die Besinnung" veröffentlicht. Mein Text, der hier, auf den folgenden Seiten 28–41, ungekürzt abgedruckt ist, kennzeichnet auch die Thematik, die Sprechweise und Atmosphäre, in der viele Gespräche mit dem Philosophiestudenten Joseph Ratzinger 1946/47 verlaufen sind.

Die Formulierungen, Argumente und Motivationen dieses Dokumentes entsprechen gewiß der Art und Ausdrucksweise der damaligen Frömmigkeit und Jugendzeitschriften. Man muß sich daher in die damalige Situation und Sprechweise hineinversetzen, was heutigen Lesern sicherlich nicht leichtfällt. Bezeichnend und situationsbedingt sind auch die Schriftsteller, Theologen oder Philosophen, die als damals bekannt und häufig genannt zu werten sind. Sicherlich gäbe es, um heute verstanden zu werden, noch diesen oder jenen berühmten Autor oder Schriftsteller und auch noch schlagkräftigere Argumente.

Jede Zeit hat ihre eigene Ausdrucksweise. Jeder Mensch, vor allem jeder Schriftsteller entdeckt, daß seine eigene Sprache und seine Formulierungen in Briefen oder schriftlichen Beiträgen im Laufe seines Lebens bzw. im Wandel des Lebens und Forschens sich erheblich verändert haben.

Theologie als Krisis und Wagnis des Theologen

Das Christentum ist keine Lehre …,
sondern eine Existenzmitteilung …
Christus hat keine Dozenten eingesetzt,
sondern Nachfolger.

Sören Kierkegaard (1813–1855)

Aus den Bewährungsjahren des Krieges und der Kriegsgefangen-
schaft ist der Theologe von heute zurückgekehrt, nicht „in alter
Frische" in dem Sinne, als ob er heute, im Jahre 1947, noch genau
so wäre wie zu Beginn des Krieges, im Jahre 1939. In härtesten
Kriegserlebnissen sind so manche Kapellchen zusammengebrochen.
So manches, was man als unerschütterliches Bollwerk der Apolo-
getik glaubte, ist nicht mehr selbstverständlich. Der Theologe ist
skeptisch geworden gegenüber einer allzu selbstsicheren Apologetik,
ja vielleicht sogar auch gegenüber einer Theologie, die nur und aus-
schließlich neutrale und voraussetzungslose Wissenschaft sein will.
Der Theologe stand oft genug in der „Diaspora", ohne Liturgie, ohne
Buch, vielleicht selbst auch ohne den verstehenden, gläubigen Kame-
raden. Und wir fragen uns immer wieder von neuem, warum sind
wir heute noch Theologen? Wenn wir ehrlich sind, so hielt uns vor
dem Absturz nicht in erster Linie ein angelerntes Wissen zurück,
sondern allein die Gnade Gottes, das Gebet der lieben Mutter in der
Heimat und in unserem Innern selbst das, was Pascal mit „Herz"
und Newman mit „Gewissen" bezeichnet hat.
Es war irgendwie ein Ergriffensein und Gehaltenwerden von Gott,
immer wieder spürbar und doch nicht mit dem Seziermesser der Ratio
zu erfassen. Nach langen Jahren durften wir nun wieder zurückkehren
und doch ist es nicht so, als ob uns ein leises Bangen erfüllte? Wird die
theologische Wissenschaft unser Sehnen erfüllen, werden wir wirklich
der doxa theou begegnen und vom göttlichen pneuma begeistert wer-
den? Oder wird unser erwartungsvolles Herz hungrig bleiben?
Es ist nicht so, daß nur der moderne Mensch im allgemeinen von den
Zeichen Gottes in den letzten Jahren aufgewühlt wurde. Auch im
Theologen ist vieles fragwürdig geworden, wert und würdig eines

tieferen und entschiedeneren Fragens. Mit der ganzen Kraft seiner Existenz stellt sich der moderne Theologe hinein in die Theologie, dem Antlitz Gottes gegenüber. Es geht heute nicht mehr nur um die verstandesmäßige Aneignung eines philosophischen oder theologischen Examensstoffes. Es geht auch und gerade darin letztlich um Gott und um die Verantwortung für meinen suchenden Mitbruder. Eine grauenvolle, nicht wegdiskutierbare Angst rüttelt an den Nerven des modernen Menschen, er weiß trotz aller zur Schau getragenen Selbstsicherheit um die Sinnlosigkeit seines Daseins und die ausweglose Geworfenheit in das Nichts. Vor dieser Angst sucht er zu fliehen, sucht sie zu ertöten im Lärm der Arbeit, im Taumel des Vergnügens, im Untergehen in der Masse, in der Verlorenheit an das „Man". Aber diese unheimliche Angst hämmert auch durch die lauteste Freude, durch den lautesten Maschinenlärm hindurch und versetzt den modernen Menschen in beständige Unruhe und Heimatlosigkeit. Diese „Angst" ist eine der furchtbarsten Entdeckungen der modernen Philosophie. Wird in ihr nicht jene Vereinsamung sichtbar, in der sich das moderne Denken befindet? Wird in ihr nicht auch erkennbar, daß der Monolog des „cogito, ergo sum" in der Eiseskälte der sieben Einsamkeiten gesprochen wird, von denen Friedrich Nietzsche schreibt? Wird in ihr nicht auch sichtbar, was der Mensch eigentlich ist als dialogische Existenz in der Ich-Du-Bezogenheit?

Hinter dieser Vereinsamung wird aber eine noch furchtbarere Tatsache sichtbar: die religiös-theologische Lostrennung des modernen Menschen von Gott. Die seinsmäßige Ich-Du-Beziehung zwischen dem göttlichen Du und dem menschlichen Ich ist zerschnitten worden. Das Ich verkapselte sich in sich selbst und sinkt ab von seiner tiefsten Wesensbestimmung. Der moderne Prometheus hat sich aufgereckt gegen Gott und sucht Gott aus seinem Weltbild zu streichen. „Ganz und ehrlich, ohne Hintergedanken und völlig aus sich heraus, so recht eigentlich ohne Gottes Hilfe Mensch zu sein – das ist das große Wagnis und die eigentliche heimliche Sehnsucht unserer Zeit" (R. G. Binding). Der moderne Übermensch ist an diesem Wagnis zerbrochen. Durch den Zusammenbruch aller Sehnsüchte und Ideale ist heute in vielen ein geistiges Vakuum entstanden, eine maßlose Ziellosigkeit und Heillosigkeit, nachdem man fürwahr allzu oft und allzu selbstherrlich das Wort „Heil" im Munde geführt hatte. In dieser existentiellen Not halten rein

Dr. Alfred Läpple, 1948–1952

rationale Selbstsicherungen und Versicherungen nicht mehr stand. Die
monologische Existenz erschaudert plötzlich vor einer geheimen Macht,
die sie von außen her bedrohen könnte. Sie stemmt sich auf und mit
Friedrich Nietzsche ruft der moderne Mensch aus: „… wenn es Götter
gäbe, wie hielte ich's aus, kein Gott zu sein! Also gibt es keine Götter!"
Wir dürfen uns darüber nicht täuschen, daß auch der Christ des
20. Jahrhunderts von den gleichen Stürmen umtobt ist. Auch im modernen Christen und Theologen gärt – wenn auch unbewußt! – das

verhängnisvolle Erbe der Aufklärung, des deutschen Idealismus, des weltanschaulichen Liberalismus und Materialismus, auch in ihm reckt sich immer wieder der heideggersche Heroismus der Endlichkeit. Das Wort vom „Glück, Christ zu sein" ist für viele zu einem Klang aus dem Märchenland der Kindheit geworden, während das Wort von der Existenznot und der inneren Armut des christlichen Denkens und Betens heute vielfach erschütternde Wirklichkeit ist. Eine seelsorgliche Illusion wäre es, dies nicht sehen zu wollen. Viele junge Christen – und es sind nicht gerade die schlechtesten – leiden heute, so seltsam es auch klingen mag, an ihrem Christsein. „An das Kreuz seiner Ideale" (P. Lippert) geschlagen zu sein, ist das Los so manches jungen Christen. Man würde die Offenheit so mancher dieser ringenden Menschen vielleicht für immer vernichten, wollte man dieses Anliegen verharmlosen oder gar übersehen. Auch der junge Theologe von heute trägt die Last dieser Problematik. Gar mancher von ihnen ist, trotz der äußeren Sicherheit und Überlegenheit, die er in religiösen Gesprächen mit Andersdenkenden bekundete, innerlich von den gegnerischen Argumenten und der hinter ihnen stehenden Vitalität und rechtwinkeligen humanitas tief aufgerüttelt worden.

Theologie und meine Existenz

So klopft der Theologe von heute an die uralten Tore der Theologie, erwartungsvoll und zugleich auch mit stillem Bangen; denn hier entscheidet sich nicht allein seine besondere Berufung als Theologe, sondern seine christliche und menschliche Existenz. Meine Existenz als Mensch und als Christ steht in der Theologie auf dem Spiele. Theologie wird zur wagnishaften Krisis des Theologen, zur Scheidung und Entscheidung, die nicht leichtfertig in der intellektuellen Sphäre abgetan werden darf, sondern die personale Ganzheit umfaßt und zur Klärung und Erhellung der christlichen Existenz führen muß. Theologie ist nicht „Flucht in" die Geborgenheiten rationaler und religiöser Gesichertheiten. Theologie ist im Gegenteil ein Wagnis in Christo, ein Plus an Gefährdungen und Spannungen. Das theologische Studium darf nicht ein bloßes Durchgangsstadium mit einer gewissen Anzahl zu bestehender Examina sein, deren intellektueller Ballast möglichst bald wieder abgeworfen wird. Theologisches Studium ist trotz und in aller Wissenschaftlichkeit Askese im weitesten Sinne, schmerzliche und gnadenhafte Formung der gesamten christlichen und priesterlichen Existenz. Hast du dir schon einmal die Frage vorgelegt: Welchen Unterschied empfandest du zwischen der Gotteslehre der Metaphysik und der Dogmatik? – Deine Antwort wird gewiß lauten: Im ersten Falle ist es das Reden des Menschen von Gott „von unten nach oben", im zweiten Falle wohl auch menschliches Reden über Gott, das sich aber beugt unter das Wort Gottes. Nun werfe ich das Senkblei einer zweiten Frage in dein Herz: In welcher Haltung standest du beiden Aussagen gegenüber und welche Antwort löste die Gotteserkenntnis in dir aus? – Wird nicht vielfach übersehen, daß die Aussage Gottes eine ganz andere Haltung und „Ein"-stellung von mir fordert als nur kalte wissenschaftliche Kenntnisnahme! Darf Theologie überhaupt Wissenschaft im herkömmlichen Sinne sein, wie etwa Mathematik, Chemie oder Physik? Der Kampf gegen den Modernismus hat hier ganz bestimmte Denkgeleise hinterlassen, und kein Lehrbuch der Dogmatik versäumt es, den Wissenschaftscharakter der Theologie und ihre vollgültige Konkurrenzfähigkeit nachzuweisen. Es soll und kann gewiß keinem neuen Modernismus das Wort gesprochen werden. Aber es bliebe zu fragen, ob in der antimodernistischen Kontroverse nicht doch die Totalität des menschlichen Ich etwas zu kurz gekommen ist. Ist es nicht so, daß die moderne Glaubenspsychologie immer stärker den Glauben als „intentionale Ichfunktion" versteht, in der neben dem Rationalen auch das Irrationale und Numinose miteingeschmolzen ist? Ist nicht das moderne Verständnis für Pascal und Newman darin mitbegründet, daß der heutige Mensch aus einem heilsamen Skeptizismus gegen allzu selbstsicheres theologisch-begriffliches Wissen mehr aufgeschlossen ist für das Wagnis jeden menschlichen Redens über Gott und zugleich auch für die Ordnung des gläubigen Herzens und irgendwie empfindet, daß nicht nur das Rationale, sondern auch das Existenziell-Emotionale in die Herzmitte Gottes hineinragt? Offenbarung ist uns Menschen nicht geschenkt worden, um in abstrakter Form zwischen zwei Buchdeckeln ein nur wissenschaftliches Leben zu fristen, sondern um ewiges Leben und das Feuer der Gottesliebe in den Menschenherzen zu entfachen. Im Christen und Theologen muß zwischen Wissenschaft und Leben, zwischen dem Abstraktionsfaktor und dem Realisationsfaktor eine ständige Wechselbeziehung bestehen. Es darf keinen Riß zwischen Denken und Leben, zwischen Kollegheft und Betrachtung, zwischen Hörsaal und Alltag geben.

Diese Fühlungnahme darf nur in Ehrfurcht und Demut sich vollziehen. Wenn Goethe einmal sagte, man könne Euripides nur auf den Knien lesen, wieviel mehr gilt dieses Wort erst vom Lesen des geoffenbarten Wortes in der Heiligen Schrift. Wir alle kennen das Nietzsche-Wort: „Bessere Lieder müßten sie mir singen, daß ich an ihren Erlöser glauben lerne: erlöster müßten mir seine Jünger aussehen." Müßte nicht unsere Theologie „erlöster" und ehrfürchtiger sein und muß nicht immer wieder die Großinquisitorgestalt eines Dostojewski warnend darauf hinweisen, daß das Wort Gottes Leben ist und von uns Menschen immer in Gefahr ist, zu bloßer Schablone und Begrifflichkeit verkürzt zu werden? Wenn es wahr ist, daß Gott zu uns spricht, dann dürfen wir nur in Ehrfrucht und Demut uns nahen. Dann darf das Wort Gottes auch nicht zu einer nur gelegentlichen Zitierung und Ausschmückung unserer Erbauungsbücher verwendet werden, sondern muß Mittelpunkt unserer Wissenschaft und unserer Verkündigung werden.

Theologie als Existenzkrisis

Will der Mensch mit Gott und über Gott reden, dann nur in jener inneren Haltung, die der Begegnung mit Gott entspricht. Theologie erfordert bereits im ersten Ansatz demütige Existenzläuterung. Aus der modernen Rundfunktechnik ist uns allen das magische Auge bekannt. Wenn es in seiner ganzen Helligkeit aufstrahlt, dann ist das Rundfunkgerät genau auf die gewünschte Wellenlänge eingestellt. Bleibt ein Sektor des magischen Auges unerleuchtet, ist der Empfang schlecht und verzerrt. In gleicher Weise muß auch der Christ und vor allem der Theologe, der über Gott denken und reden will, auf Gott in einer ganz besonderen Weise „eingestellt" sein. Die Theologie und Mystik hat zu allen Zeiten um die ganz besondere „Einstellung" und Bereitschaft des menschlichen Herzens gewußt, und auch die moderne Wertphilosophie und Phänomenologie hat gerade diese Voraussetzungen des menschli-

chen Erkenntnisaktes neu betont. Wenn Gott spricht, wenn es sich um die Offenbarung der göttlichen Liebe handelt, wenn es um Gnade, Heil, Sünde und Erlösung geht, gibt es keine interesselose Sachlichkeit mehr. Theologie darf nicht unter Einklammerung der Person des Denkers betrieben werden. Den Wirklichkeiten der Offenbarung kann ich nicht neutral und voraussetzungslos, nicht bloß wissenschaftlich-abstrakt gegenübertreten. Ich bin mitten darin, ich bin interessiert. (Inter-esse = mitten darin sein!) Diese Wirklichkeiten reißen meine ganze Existenz in ihren Bann und fordern unerbittliche Entscheidung. An der Frage, ob Gott existiert und wie ich zu ihm stehe, bin ich ganz anders beteiligt und „interessiert" als etwa an der Lösung eines chemischen Experimentes. Sie muß mich beunruhigen. Die Tatsache, daß ich nicht mehr beunruhigt werde, ist bereits ein Zeichen unserer eigenen Gott-Unfähigkeit. Wenn Gott spricht, bin ich aus aller Selbstgenügsamkeit herausgerissen und stehe in einer existentiellen Grenzsituation, in der ich Gott als meinem Schöpfer und Erlöser gegenüberstehe. Echte Theologie vollzieht sich stets in dialogischer Entscheidung. Theologie wird zur Krisis, d.h. zur Entscheidung des Theologen, die er nicht fliehen oder in die abstrakt-intellektuelle Sphäre abschieben darf, sondern in die er mit wagendem Herzen eintreten muß. Indem ich diese Entscheidung immer von neuem aufgreife und immer bewußter erfülle, werde ich erst Theologe. „Etwas glauben heißt, innerlich damit in jedem Augenblicke rechnen" (Ferdinand Ebner). Nur der innerlich geläuterte Mensch wird sich ganz dem Worte Gottes erschließen können. Erschütternd ist es aber, sich zu vergegenwärtigen, was es heißt, mit sündigem Herzen Theologie zu studieren oder Gottes Wort zu verkünden. Es ist gleichsam eine neue Passion, die das Wort Gottes hier erleiden muß. Daß diese Krisis sich heute so schwer auslöst, hängt zu einem wesentlichen Teil damit zusammen, daß der in den materialistischen und mechanistischen Denkformen erzogene moderne Mensch zu einem großen Teil „gott-unfähig" geworden ist und daß diese Gott-Unfähigkeit sich auch in uns Christen festgesetzt hat. Friedrich Nietzsche spricht einmal vom modernen Menschen, daß er „mit den Fingern des betörten Geistes an die letzten Wände vergeblich tastet". Die ganze Verstocktheit des heutigen Nihilismus wird darin sichtbar. Verspürt nicht auch der Theologe von heute in sich ein geschwächtes religiöses Realisationsvermögen, das aus dem Felsen der

Offenbarung und der wissenschaftlichen Begrifflichkeit nicht mehr den sprudelnden Quell religiösen Lebens schlagen kann?

Wie oft hört man die Klage, daß trotz Theologiestudium keine religiöse Vertiefung sich einstellte, daß man um Theologisches wohl „weiß", aber nur einen ganz geringen Bruchteil davon lebt. Lauschen wir einmal selbst hinein in unser praktisches Leben und wir werden erkennen, wie sehr dieses von einer ganzen Skala von Irrlehren und Häresien wimmelt, obwohl wir doch im Kolleg diese als irrig und anathematisiert kennengelernt haben. Theologe ist eben nicht derjenige, der über ein examenreifes, intellektuelles Wissen verfügt, sondern derjenige, der Theologie in sich – um ein Lieblingswort von John Henry Newman und Henri Bremond zu gebrauchen – realisiert, in dem Offenbarung und Dogma geführt vom Heiligen Geiste zu einer existentiell-effektiven Lebensform und Lebensmacht geworden sind. Damit bahnt sich ein neuer theologischer Wissenschaftsbegriff an, der zunächst dem modernen philosophischen Denken entlehnt zu sein scheint (vor allem Sören Kierkegaard), in Wirklichkeit aber urbiblisch und urchristlich ist. Die objektive Geltung des Dogmas wird in dieser „Existenztheologie" keineswegs erschüttert, sondern zutiefst ernst genommen und erfaßt als Kundgebung und Aufruf Gottes, die mich zu ganz persönlicher Entscheidung zwingen.

Scharf grenzt sich die Existenztheologie von einer entscheidungslosen Begriffstheologie ab, die gleichsam mit eingeklammertem Ich des Theologen über Gott spricht. Eine Theologie des heißen Kopfes und des kalten Herzens! Hier steht die Ichganzheit der Theologen nicht in der Theologie, sondern neben der Theologie. Denker und Beter, Hirn und Herz des Theologen sind auseinandergespalten. Dogma ist hier wohl gewußte Denkform, nicht aber existentielle, gnadenhafte Lebensform. Bloße Begriffstheologie trifft nicht mehr den modernen Menschen, sie redet an ihm vorbei. Mit Entschiedenheit warnte Anselm Stolz O.S.B. vor dieser Art „Theologen" und indem er das bezeichnete Wort „Denzingertheologie" prägte, berührte er das gleiche Thema, das auch Raoul Plus S. J. besonders am Herzen liegt. „Es ist eine traurige Tatsache: man kann ein ganzes Semester lang Gnadenlehre und ‚de Verbo incarnato' studieren, ohne ein einziges Mal in Staunen und Erregung zu geraten, ohne ein einziges Mal sich im Innersten getroffen zu fühlen in Bewunderung und Rührung. Man tastet nur immer das tote,

35

nackte Betriffsgerüst ab." Der Theologe will heute der Gesamtwahrheit in Christus begegnen, nicht irgendeiner reichlich kontroversen Schulmeinung. Wie Jakob mit dem Engel gerungen hat (Gen 32,25), ebenso muß auch der Theologe mit dem Einsatz seiner ganzen Person in der Theologie um den Segen des Herrn ringen, nicht in einem einseitigen Aktivismus des Kopfes, sondern zugleich in einem Er-beten und Er-betrachten des göttlichen Charismas.

Theologie als Existenzwagnis

Ein erstes Geschenk der Gnade empfängt der gläubige Mensch nach der ersten Stufe der demütigen Existenzläuterung: das Geschenk wahrer Existenzerkenntnis. Je mehr der Mensch sich für Gott bereit macht, je mehr er ein sanctus wird, desto mehr erkennt er auch die unerhörte Herrlichkeit der menschlichen Existenz. Das Wort Christi: „Wer sein Leben um meinetwillen verliert, wird es gewinnen" (Mt 10,39) ist auch für die Existenzerhellung wegweisend, und Max Scheler hat, gewiß beeinflußt von der eben angeführten Bibelstelle, die wahre Existenzerkenntnis in Gott mit den Worten umschrieben: „Die Person gewinnt sich, indem sie sich in Gott verliert." Das moderne Menschsein empfindet sich seit Descartes (cogito ergo sum) als eingekapselt oder, wie es Leibniz ausgedrückt hat, als „fensterlose Monade". An die Stelle der dialogischen Gottbezogenheit setzte der Mensch den Monolog seines Ich. Als aber sein Monolog ohne Echo blieb und sein Herz inmitten der modernen Entpersönlichung und Verwirklichung liebeleer und unerfüllt blieb, da überfiel ihn mit elementarer Wucht eine sorgenschwere Erkenntnis: daß er selbst sein Menschenantlitz zerstört hat, daß seine Flucht vor Gott zutiefst eine Flucht vor sich selbst ist, daß sein Existenzverständnis als „Geworfensein" nur sichtbarer Ausdruck der inneren Not und Sorge ist angesichts des Abgrundes, in dem er zu zerscheitern droht. Wie sehr dieses Ringen um ein neues Personverständnis auch die moderne Philosophie erfaßt hat, beweist die Tatsache, daß man auch hier die eingekapselte, monologische Person radikal sprengt und bereits von einer „offenen Person" spricht.

Was das moderne Geistesringen nach einer tragischen Odyssee sich erst mühsam wieder erringen muß, erfährt der gläubige Mensch stets und in jeder Stunde als lebendige Wirklichkeit. Der Christ steht nicht einem Neutrum „gegenüber", sondern der Person Gottes. „Zum Absoluten, das die Metaphysik erdenkt, betet man nicht, zu ihm gibt es kein existentielles Verhältnis" (Theodor Steinbüchel). Nur vom göttlichen Du her weiß der Mensch, was er selbst ist. Theologische Wahrheitserfassung ist letztlich ein personales Begegnungserlebnis, ist personaler Ruf „an mich" und Wahrheit „für mich".

Da der Mensch sein Menschsein nur versteht aus der personal-dialogischen Beziehung zwischen seinem Ich und dem göttlichen Du, kann und darf wahre Theologie nur dialogisch und existentiell sein. Weil aber der Christ sich in der Theologie personal entscheiden muß, darf er nicht einem du-losen Schnittpunkt gegenübergestellt werden, in dem die Koordinaten rational errechneter Abstraktionen und Ismen sich schneiden. Begriffstheologie wird nie zur Existenzbeunruhigung und Existenzkrisis aufrütteln, weil sie zwischen Wissenschaft und Leben reinlich scheidet, und den personalen Verpflichtungs- und Heiligungscharakter nicht in sich trägt. Christliche Existenz besteht in der Theologie darin, jeden Tag das Wagnis der Entscheidung „mit Furcht und Zittern" neu aufzugreifen und jeden Tag mehr die Gnade und Wahrheit der unerhörten Gottesoffenbarung zu realisieren. Christliche Existenz steht unter dem Wort Gottes, das auf Ant-Wort wartet und in Ver-Antwortung getragen werden muß. Wort Gottes ohne Antwort des Menschen ist gleich dem Ruf des liebenden Vater, dem kein Echo folgt. Das ganze geschöpfliche Sein ist hingeordnet auf diese Antwortgebung. Das jubelnde Alleluja der Engelchöre im Himmel und das Beten der gläubigen Menschen auf dem Erdenrund, ja selbst noch das Wüten des Teufels in der Hölle ist die Antwort auf das Wissen um die Herrlichkeit Gottes. Auch der Teufel weiß um Gott, er hat als gefallener Engel ein „theologisches Wissen" von Gott. Aber sein Wissen ist ein Alpdruck der Verblendung und des Hasses. „Du glaubst, daß ein einziger Gott ist? Du tust wohl daran; das glauben auch die Teufel, und – zittern" (Jak 2,19). Erst aus der Erkenntnis seines göttlichen Gegenüber erfährt der Teufel seine eigene Existenz. Das „theologische Wissen", das der Teufel von Gott hat, ist aber trotz aller Richtigkeit verzerrt. Immer wieder heißt es daher in den Evangelien: „Christus ließ die Teufel nicht reden, denn sie kannten ihn" (Mk 1,34) oder „Christus bedrohte sie, ließ sie nicht reden, denn sie wußten, daß er Christus war" (Lk 4,31). Dem Sohne Gottes ist die Verkündigung der göttlichen Wahrheit aus dem Munde des Teufels ein Greuel. Nur dort, wo der Mensch in Demut und Liebe sich Gott erschließt, kann sich Gottes Gnade voll entfalten und ein gottgefälliges Lob aus Menschenmund formen.

Im Glauben erfährt sich der Mensch geöffnet, und zwar in einer besonderen Weise nicht vom Menschen her, sondern von Gott her. Christliche Existenz ist dialogisch-personale Existenz in der Liebe Gottes. Der Mensch erfährt, daß Gottesliebe nicht der Weg des liebenden Menschen zu Gott, der Weg vom irdischen Unten zum göttlichen Oben ist. Der Mensch kann Gott nur lieben, weil ihn Gott zuerst geliebt hat, weil Gott zuerst schon den Menschen liebenswert gemacht hat. „Darin steht die Liebe, nicht daß wir Gott lieben, sondern daß er uns zuerst geliebt hat" (1 Joh 4,10). Aus den Tiefen dieser Gottesliebe erwächst dem Menschen seine wahre Existenzerkenntnis, der gegenüber alle anderen anthropologischen Definitionen nur vorletzte Erkenntnisse bleiben. „Wer nicht liebt, erkennt Gott nicht" (1 Joh 4,8), ja er erkennt auch nicht sich selbst in seiner gnadenhaften Gottebenbildlichkeit. Leben und Erkennen verschmelzen zu einem einzigen Akt der Existenzerfahrung. Aus der Erfahrung des göttlichen Geliebtwerdens quillt das Liebendürfen in christlichem Tun und christlicher Verwirklichung. Der Christ kann als gläubiger Mensch nichts anderes sein als existentieller Theologe, weil er sonst seine eigene Existenz verkürzen müßte. Begriffstheologie und religiöses Leben lassen sich trennen, nicht aber Existenztheologie und religiöses Leben. Existenztheologie hingegen reißt das ganze menschliche Tun und Denken in die Entscheidung, ist entweder in gnadenhafter Liebe tief fromm oder in sündhafter Verblendung diabolisch. Es ist wahr, wenn ein Mensch von Gott ergriffen wird, dann gibt es in ihm und um ihn eine Revolution. Dieses freudige und verantwortungsbewußte Wissen um das Ergriffensein von Gott trägt der junge Christ hinein in die Theologie und erfährt die kostbare Erkenntnis, was er in der Liebe Gottes ist und in der Verwirklichung der göttlichen Vorsehung sein darf.

Theologie als Existenzvertiefung

Die Existenzerkenntnis führt aber im christlichen Tun zu einer beglückenden Existenzvertiefung. Die Erkenntnis der Gottesliebe entfaltet sich in der Antwort des Menschen auf dieses Leben. Dem Wort Gottes darf der Mensch in Freiheit und Demut die Antwort geben. Der Mensch hat aber auch – wahrhaft ein mysterium fidei – die Freiheit, die Antwort zu verweigern, das Wort Gottes wohl zu hören, aber es nur wissenschaftlich „zur Kenntnis zu nehmen". Nur dort, wo das Wort Gottes in der Nachfolge Christi verwirklicht wird, vermag christliche Existenzerkenntnis sich zu vertiefen. Wenn der Mensch dem Worte Gottes die Ant-Wort versagt oder nur in sachlicher Unbeteiligtheit über Gott redet, verkümmert seine eigene Existenz. „Ein jeder weiß nur soviel, als er auch tut" (Savonarola). Christsein ist alles andere als weltmüder Quietismus. In ihm schlägt die Unruhe des eigenen Ungenügens vor dem Angesichte Gottes und das demütige Wissen des Noch-nicht-fertig-Seins. Der Christ ist nie „fertig", sondern immer „auf dem Wege" und in einem beständigen Umgestaltungsprozeß, um durch alle Unzulänglichkeiten der bisherigen Verwirklichung immer mehr christusförmig zu werden. Alle Weisheit der Theologie ist Geschenk des Vaters durch den Heiligen Geist hin zum Vollalter Christi. „Setzt das Wort in die Tat um und hört es nicht bloß, sonst betrügt ihr euch selbst. Denn wer das Wort nur hört, aber nicht danach handelt, gleicht dem Menschen, der sein natürliches Aussehen im Spiegel betrachtet. Er betrachtet es wohl, aber dann geht er weg und vergißt alsbald, wie er ausgesehen hat" (Jak 1,22–24). Wer nur um die Theologie „weiß", die Wahrheit aber nicht tut (1 Joh 1,6), gleicht jenem Menschen, der sein geistiges Antlitz und damit seine Existenz vergessen hat. Die Wirklichkeiten der Theologie stehen dem gläubigen Menschen nicht „gegenüber" als bloße Sachverhalte einer es-geschichteten Welt. Der Mensch ist nur, weil und indem er selbst Teil dieser Wirklichkeit ist. Im Vollzug dieser Wirklichkeit steht und fällt die Existenzfähigkeit und Existenzmächtigkeit des Menschen. Menschliches Sein ist nur Dasein als ein „In-Bezug-Sein" zu einem personalen Du zwischen den Polen der Gnade und der Sünde.

Will der Mensch als Christ nicht sich selbst aufgeben und das Wort Gottes ehrfurchtslos behandeln, so darf er nicht neutral und in unpersönlicher Distanz zu den Wirklichkeiten der Theologie stehen. Eine Theologie des unpersönlichen „Man" ist eine areligiöse und in gleichem Maße ehrfurchtslose und unerlöste Theologie, die nicht Ernst macht mit den unerhörten Wirklichkeiten der Offenbarung, der Sünde, der Erlösung, der Gnade, der christlichen Existenz. Je mehr der gläubige Christ den Anruf der Wirklichkeit Gottes in sich realisiert und in seiner besonderen Antwort verwirklicht, je mehr in ihm das demütige Begreifen mit einem tiefen Ergriffensein verwächst, desto tiefer wird er eindringen in die Geheimnisse Gottes und im wahrsten Sinne des Wortes „Harfe des Heiligen Geistes" werden. Theologie setzt nicht nur geläuterte Existenz voraus, sie ist stets auch Imperativ zu heroischer Lebensform. „Es irrt sich jeder, der meint, er könne die Wahrheit erkennen, solange er noch ein schlechtes Leben führt" (Augustinus). Gerade unsere größten Theologen waren immer Existenztheologen, in denen Denken und Beten, wissenschaftliche Theologie und gottselige Mystik zu einer untrennbaren Einheit verwoben werden.

Aber gerade in dieser Ernsthaftigkeit des Ringens verspürt der gläubige Mensch in sich selbst immer wieder schmerzliche Gefährdungen. Vielleicht erfährt er erst in diesen seelischen Gewittern, was Sünde in ihrer ganzen Entsetzlichkeit ist, und was Gnade in unfaßbarer Weise vermag. So wird gerade unsere Schwachheit zur felix culpa, in der uns Gott neue Erkenntnisse schenken kann. Auch als Theologe hat der Christ keinen apriorisch gesicherten Standpunkt, er muß auch in der Theologie sein „Heil mit Furcht und Zittern wirken". Gerade die Erfahrung des menschlichen Unten, das so viele gute Ansätze vernichtet, läßt immer wieder bitterste Tragik aufbrechen, und schmerzlich ist es, wenn sich so manches Lieblingskapellchen privater Frömmigkeit als auf Sand gebaut erweist, und wenn mühsam gebaute Sicherungen und Versicherungen sich schließlich doch als falsch und unwirklich herausstellen.

Theologie kann hier auf Erden nie Existenzsicherung sein, weil der Mensch immer von der Sünde her in seiner Existenz und Gottgewolltheit gefährdet ist. Theologie ist stets, selbst für den Sünder, Existenzläuterung und Existenzerhellung. Existenztheologie ist das Wagnis in Christo und kann nicht anderes sein als Theologie existentieller Realisierung der geoffenbarten Gnade und Wahrheit. Dogma ist dann nicht mehr eine bloß gewußte Definition. Es wird zum „existentiellen Dogma", das in der gläubigen Existenz eine ungeahnte Lebensmacht entzündet, und den Menschen durch die Gnade des Herrn hineingestaltet in das Ebenbild Christi.

Theologie als Krisis und Wagnis – ist das Wagnis des freiwilligen und geheimnisvollen Sichüberantwortens der göttlichen Allmacht an die menschliche Freiheit, – ist das Wagnis der unermeßlichen Gottesliebe, die der Mensch auch mit Kälte und Haß beantworten kann, – ist das Wagnis der Schicksalwerdung und des Sichbindens in den Unzulänglichkeiten und Mißverständnissen menschlicher Formulierungen, – ist das Wagnis Gottes, über sein irdisches Dasein hinaus zu allen Zeiten verkannt und sogar ans Kreuz geschlagen werden. Das ist das Wagnis Gottes mit den Menschen, mit den Christen und Theologen. Und welches ist die Antwort, die du diesem Wagnis Gottes gibst? –

ALFRED LÄPPLE IN: DIE BESINNUNG 1/2 1947, S. 52–60

In diesem Dokument klingt gewiß das Finale einer Auseinandersetzung mit den Göttern des Dritten Reiches nach. Es zeigt deutlich an, wo man stand und steht. Unüberhörbar ist aber die karitativ-seelsorgliche Aufgabe, die dem Theologiestudenten und späteren Priester zukommt – dem leidenden und suchenden Menschen, den Opfern wie den Tätern, ihren hinterbliebenen Frauen und Kindern zu helfen: Menschliche Existenz ist und bleibt dialogische Existenz, Ich-Du-Bezogenheit. Entscheidend ist aber der Blick nach vorne: Was ist für die Kriegsheimkehrer das kommende Theologiestudium? Eine fundamentale Neusicht christlichen Glaubens, Denkens, Betens und Lebens wird überdeutlich: Die schönste Rede über Gott ist – die Anrede, die Lobpreisung des Einzelchristen, die Liturgie des erlösten Gottesvolkes. „Dem Heiligen läßt sich nur mit Huldigung nahen" (John Henry Newman).

Das meiner Erstveröffentlichung vorangestellte Motto Kierkegaards ist zum Treppenwitz der Geschichte geworden. Ich selbst war von 1948 bis 1952 im Priesterseminar in Freising „Dozent", und mein Nachfolger als Dozent war Joseph Ratzinger!

Gemeinsame Spurensuche
nach der Wahrheit

In einem langen Denk- und Bewährungsprozeß war die Thematik „Theologie als Krisis und Wagnis des Theologen" entstanden und gereift (siehe oben S. 26 ff.). Von dieser Basis aus bewegten sich die vielen Gespräche zwischen mir und dem Philosophiestudenten Joseph Ratzinger – im Roten Saal des Priesterseminars Freising, auf stundenlangen Spaziergängen in den Isarauen oder entlang der Kreuzwegstationen zur Wieskirche bei Freising (1946/1947).

Theodor Steinbüchel (1888–1949)

*Der Moraltheologe Prof. Dr. Theodor
Steinbüchel, Doktorvater von Alfred Läpple*

43

In der Vorkriegszeit war ich in meinem Theologiestudium an der Universität München dem Moraltheologen Theodor Steinbüchel (dort Professor 1935–1941) begegnet. Er faszinierte mich nicht nur wegen der Breite seiner Kenntnisse und seines Denkhorizontes. Sehr bald durfte ich ihn nach den Vorlesungen von der Uni zu seiner Wohnung in der Karlstraße (unmittelbar neben der Abteikirche Sankt Bonifaz) begleiten. Von ihm, der nur unzulänglich Englisch sprach, erhielt ich mein Promotionsthema über das Gewissen bei John Henry Newman.

Das „Neue und Ganz-Andere" aber war die Moraltheologie, die er zusammen mit Fritz Tillmann (Bonn) und Theodor Müncker (Freiburg i. Br.) vorlegte. Er steuerte die philosophische Grundlegung der „Nachfolge Christi" bei. Hier ging es nicht um „das Gesetz Christi", nicht um das „Summum bonum" (höchste Gut), geschweige um eine Beichtstuhlpraxis, nicht um eine Kasuistik, wie sie Heribert Jone vorlegte, die dann zur lateinischen Sprache griff, wenn es interessant und wissenswert war.

Bei Steinbüchel ging es um eine aus dem Neuen Testament (Fritz Tillmann) schöpfende Lebenskunde personalistischer Prägung, deutlich abgehoben von philosophischer Ethik. Was erwartet Christus von mir? Was hätte Christus anders getan? „Nicht mehr ich lebe, sondern Christus lebt in mir" (Gal 2,20). „Für den Leib Christi, die Kirche, ergänze ich in meinem irdischen Leben das, was den Leiden Christi noch fehlt" (Kol 1,24).

In einer Epoche, in der man nur hörte: „Du bist nichts, dein Volk ist alles!" und im Gleichschritt der Stiefel die Gleichschaltung des Denkens und Lebens sichtbar wurde, war Steinbüchels Botschaft nicht nur eine Neusicht des Christseins, wie es in der damaligen Bibel- und Liturgiebewegung erwartet wurde. Sie war in Zeiten zwischen Sturm und Sturm Stärkung des inneren Widerstandes, ein nicht überhörtes Fanal eines neuen Personseins, der Menschenrechte und Grundfreiheiten, der in der Gottebenbildlichkeit (Gen 1,27) begründeten Menschenwürde.

Ferdinand Ebner (1882–1931)

Eine beglückende und sich vertiefende Klärung durch den Denker und Schriftsteller Ferdinand Ebner, von Beruf Lehrer im österreichischen Schuldienst, erhielten wir durch Steinbüchels Schrift „Der Umbruch des Denkens" (1936). Mit wachsender Spannung lasen wir „Die geistige Bedeutung der Sprache" (1929), vor allem Ebners grundlegendes Werk „Das Wort und die geistigen Realitäten" (niedergeschrieben im Winter 1918/19).

Gemeinsam umkreisten wir (Ratzinger und ich) in vielen Gesprächen die inneren Beziehungen zwischen Wort (Gottes) – Sprache (des Menschen) – Wahrheit. Durch Ferdinand Ebner fanden wir die wichtig bleibende Unterscheidung: Wahrheit „an sich" – Wahrheit „für mich". Philipp Dessauer signalisierte „Wahrheit als Weg" (1946), während Walter Rest das Ziel aufzeigte in seinem Buch „Heimkehr zum Menschen" (1946), und Hans Jürgen Baden uns „Das Abenteuer der Wahrheit" (1946) und „Das Abenteuer des Menschen" nahebrachte. Einen ganz gewaltigen Anstoß zur Demut und Verwirklichung der Wahrheit gab Peter Wust (1884–1940), der bereits 1920 sein Werk „Auferstehung der Metaphysik" herausgegeben hatte.

Im Abschiedswort des 56jährigen krebskranken Philosophen, das mir bereits während des Zweiten Weltkrieges in die Hände kam, stehen die Worte:

Wenn Sie mich fragen sollten, bevor ich gehe und endgültig gehe, ob ich nicht einen Zauberschlüssel kenne, der einem das letzte Tor zur Weisheit des Lebens erschließen könnte, dann würde ich Ihnen antworten: … Dieser Zauberschlüssel ist nicht die Reflexion, wie Sie es von einem Philosophen vielleicht erwarten möchten, sondern das Gebet … Gebet kennzeichnet alle letzte Humilitas des Geistes. Die großen Dinge des Daseins werden nur den betenden Geistern geschenkt.
PETER WUST, 18. DEZEMBER 1939

Leben und Denken und Glauben ist „Ungewißheit und Wagnis" (Titel des 1946 erschienenen Hauptwerks von Peter Wust).

Nach der Mißachtung der Menschenrechte und der religiösen Freiheit im Dritten Reich war es der Philosoph Karl Jaspers (1883–1969), der die Richtung des Denkens und des Lebens aufzeigte: „Friede ist nur durch Freiheit, Freiheit nur durch Wahrheit möglich … Der Frage, aus welchen Kräften leben wir? liegt das Staunen zugrunde, daß wir überhaupt leben."

Wahrheit ist nicht ein Kompendium bewährter, geschliffener Begriffe. Wahrheit hat mit meinem Glauben, mit meinen Leben zu tun. Wahrheit ist Fundament und Kriterium meines Lebens und Glaubens: Wahrheit „für mich", existentielle Wahrheit. Auch der Philosoph Martin Heidegger (1889–1976) regte unsere Gespräche an, wenn er unterschied: „man tut etwas" oder „ich tue etwas". Bestärkt wurden wir durch Heideggers Hinweis auf den Gott der Philosophen, die „Causa sui" (metaphysisch: Ursache seiner selbst), von der er schrieb:

Zu diesem Gott kann der Mensch weder beten, noch kann er ihm opfern. Vor der Causa sui kann der Mensch weder aus Scheu ins Knie fallen, noch kann er vor diesem Gott musizieren und tanzen.
Martin Heidegger: Identität und Differenz, 5. Aufl. 1976, S. 64–65

Daß der Weg zur Wahrheit und zur Gottbegegnung nach dem Zusammenbruch des Dritten Reiches schwierig und verschüttet war und zugleich ein drängender Auftrag für das priesterlich-seelsorgerlich-katechetische Wirken, hat Alfred Delp (1907–1945) mit schonungsloser Offenheit in seinen letzten Aufzeichnungen (vgl. unten S. 100) niedergeschrieben:

… der gegenwärtige Mensch ist weithin nicht nur gott-los, rein tatsächlich oder auch entscheidungsmäßig, es geht die Gottlosigkeit viel tiefer. Der gegenwärtige Mensch ist in eine Verfassung des Lebens geraten, in der er Gottes unfähig ist. Worin diese Gottesunfähigkeit besteht? Sie besteht in einer Verkümmerung bestimmter menschlicher Organe, die ihre normale Funktion nicht mehr leisten.
Alfred Delp: Im Angesicht des Todes, 10. Aufl. 1976, S. 131

Gerade das gemeinsame Suchen nach der Wahrheit, oft schon das Finden eines guten Zitates (ohne genaue Quellenangabe) und die Übermittlung dieses Zitates war damals ein gegenseitiges Sich-Beschenken und eine Vertiefung der Freundschaft. Augustinus (354–430) hat dazu den Weg gewiesen, wenn er schreibt: „Niemand kann wahrhaft eines Menschen Freund sein, der nicht im Grunde seines Herzens ein Freund der Wahrheit ist."

Martin Buber (1878–1965)

Im Gespräch zwischen mir und dem jungen Philosophiestudenten Joseph Ratzinger waren wie in einer großen Diskussionsrunde mitsprechende und anregende Gestalten Ferdinand Ebner und Theodor Steinbüchel, Peter Wust und Alfred Delp wie auch eine uns erst nach dem Zweiten Weltkrieg bekannte Persönlichkeit: der jüdische Religionsphilosoph und Vertreter des mystischen Chassidismus Martin Buber. Er hat das Ich aus dem Käfig des Individualismus, aus dem Monolog befreit. Er lehrte uns den Menschen sehen als dialogische Existenz und hat damit für die spätere Seelsorge und Verkündung auf die Ich-Du-Bezogenheit aufmerksam gemacht. Er hat damit zum Dialog mit dem Du des Mitmenschen, letztlich zum Dialog mit Gott befähigt. Berühmt wurde Bubers Ausspruch: „Ich habe keine Lehre, ich zeige nur etwas."

Es war – auch noch viele Jahrzehnte später – für mich und den jugendlichen Philosophiestudenten ein Halleluja-Jubilieren, wenn Buber-Worte die Saiten unserer Lebensharfe berührten und zum Erklingen brachten:

Ich und Du gibt es in unserer Welt nur, weil es den Menschen gibt, und zwar das Ich erst vom Verhältnis zum Du aus … Betrachte den Mensch mit dem Menschen … hier der Gebende und hier der Empfangende … Wir mögen der Antwort auf die Frage, was der Mensch sei, näherkommen, wenn wir ihn als das Wesen verstehen lernen, in dessen Dialogik, in dessen gegenseitig präsentem Zu-zweien-Sein sich die Begegnung des Einen mit dem Anderen jeweils verwirklicht und erkennt.
Martin Buber: Das Problem des Menschen, 1948, S. 168–169

Romano Guardini (1885–1968)

Vertieft und gefestigt wurden diese Fundamente des Denkens durch die meditierende Begegnung mit dem Wort Gottes. Ist nicht Erlösung durch den gekreuzigten und auferstanden Herrn auch ein „Helfen durch die Wahrheit", wie es in schlichter Diktion Romano Guardini als Maxime jeder Seelsorge ausgesprochen und auch persönlich praktiziert hat?

Das Christliche ist Er selbst; das, was durch Ihn zum Menschen kommt und das Verhältnis, das der Mensch durch Ihn zu Gott haben kann.

Die Person Jesu Christi in ihrer geschichtlichen Einmaligkeit und ewigen Herrlichkeit ist selbst die Kategorie, welche Sein, Tun und Lehre des Christlichen bestimmt.

Romano Guardini: Das Wesen des Christentums, 1938, S. 68

Friedrich Nietzsche (1844–1900)

Nur am Rand, aber nachhaltig beschäftigte uns der evangelische Pastorensohn und „Antichrist" Friedrich Nietzsche. Viel zitiert wurde er im Dritten Reich, aber auch viel mißverstanden und noch mehr mißbraucht: „Gelobt sei, was hart macht!" Nietzsche wurde als deutscher Gottsucher vorgestellt. Langsam öffnete sich uns die Einsicht, daß es auch einen „anderen" Nietzsche gab, von dem Theodor Steinbüchel sprach.

Nach dem Zusammenbruch im Jahr 1945 begegnete uns aus „Die fröhliche Wissenschaft" der Satz: „Das größte neuere Ereignis – daß Gott tot ist, daß der Glaube an den christlichen Gott unglaubwürdig geworden ist." Ohne Nietzsches Denken und Schrifttum genauer zu kennen, begegneten wir ihm in einzelnen Fragmenten.

Wir waren beglückt und verwundert zugleich, in derselben Schrift Nietzsches die Aussage zu finden: „Mit zweien beginnt die Wahrheit."

Ergriffen hat uns Nietzsches Jugendgedicht, das er nach seinem Abitur verfaßt hatte:

Noch einmal eh' ich weiterziehe
und meine Blicke vorwärts sende,
heb' ich vereinsamt meine Hände
zu dir empor, zu dem ich fliehe,
dem ich in tiefster Herzenstiefe
Altäre feierlich geweiht …
du Unfaßbarer, mir Verwandter!
Ich will dich kennen, selbst dir dienen.
Friedrich Nietzsche: Dem unbekannten Gott, 1864

Sein Aphorismus über das Gebet war oft Ausgangspunkt meiner Morgenbetrachtungen im Roten Saal des Freisinger Priesterseminars:

Du wirst niemals mehr beten, niemals mehr anbeten, niemals mehr
in endlosem Vertrauen ausruhen … du hast keinen fortwährenden
Wächter und Freund für deine sieben Einsamkeiten … deinem Her-
zen steht keine Ruhestatt mehr offen, wo es nur zu finden und nicht
mehr zu suchen hat … Mensch der Entsagung, in alledem willst
du entsagen? Wer wird dir Kraft dazu geben? Noch hatte niemand
diese Kraft!
Friedrich Nietzsche: Die fröhliche Wissenschaft, 1887, IV. 287

Zu einem spirituellen Anstoß, als wahrer Christ zu leben und ein glaubwürdiger Priester zu werden, wurde ein Text aus Nietzsches Kapitel „Von den Priestern" in seinem Buch „Also sprach Zarathustra" (2. Teil): „Bessere Lieder müßten sie mir singen, daß ich an ihren Erlöser glauben lerne; erlöster müßten mir seine Jünger aussehen!"

Joseph Ratzinger und ich wußten damals nicht, daß sich zur selben Zeit, im Jahr 1950, Henri de Lubac intensiv mit dem deutschen Philosophen Friedrich Nietzsche beschäftigte und in französischer Sprache das Buch „Le drame de l'humanisme athée" veröffentlichte. Erst Jahrzehnte später wurde dieses Werk durch Hans Urs von Balthasar ins Deutsche übersetzt und mit einem Vorwort versehen: „Über Gott hinaus. Tragödie des atheistischen Humanismus" (1986).

Im Jahr 1950 hatte der Student Joseph Ratzinger sein offizielles Theologiestudium in München nach sechs Semestern abgeschlossen. Er kehrte nach dem Sommersemester 1950 zum Alumnatsjahr ins Priesterseminar Freising zurück. Dort hörte er zwei Semester meine Vorlesungen über Praktische Sakramentenlehre im Liturgischen Hörsaal. Nach dem Empfang der Subdiakonats- und Diakonatsweihe erteilte ihm Kardinal Michael von Faulhaber am 29. Juni 1951 im Dom zu Freising die Priesterweihe.

In unseren gemeinsamen Gesprächen wäre sicherlich das Thema Nietzsche wieder lebendig geworden, wenn wir das Buch von Henri de Lubac gekannt hätten. Wir beide wären aus dem Staunen nicht herausgekommen, hätten wir gewußt, de Lubac habe Nietzsche als „Mystiker" bezeichnet: „Der Denker Nietzsche steht in enger Abhängigkeit vom Mystiker Nietzsche." Ebenfalls erst später ist uns beiden das kühne Buch in die Hand gekommen, das Joseph Bernhart (1881–1969) in der Nazizeit veröffentlicht hatte: „Meister Eckhart und Nietzsche. Ein Vergleich für die Gegenwart" (1934).

Es ist bemerkenswert, daß Papst Benedikt XVI. in seiner ersten Enzyklika „Deus caritas est" vom 25. Dezember 2005 als ersten nichtbiblischen Autor den Philosophen Friedrich Nietzsche zitiert. Er verweist unter genauer Angabe der Quelle auf einen Aphorismus aus Nietzsches 1886 verfaßtem Werk „Jenseits von Gut und Böse. Vorspiel einer Philosophie der Zukunft".

Während Philosophen und Religionsstifter sich um die Wahrheit mühten, auf dem Weg zur Wahrheit waren, hat allein Jesus, der Christus, die kühne Selbstaussage gemacht: „Ich bin die Wahrheit" (Joh 14,5) – „Die Wahrheit wird euch frei machen" (Joh 3,32). Die Wahrheit tun, ist nichts anderes, als in der Freiheit der Kinder Gottes mit und in und durch Christus leben, denn „Christus lebt in mir" (Gal 2,20).

Wer in das Denken und Glauben, nicht zuletzt auch in das umfangreiche Schrifttum des späteren Kardinals Joseph Ratzinger, seit 2005 des Papstes Benedikt XVI., hineinhorcht, erkennt immer wieder das unsichtbare und doch präsente Fundament sowohl der „existentiellen Wahrheit für mich" wie des dialogischen Existenzverständnisses und damit der Sorge und Verantwortung für den Nächsten, vor allem für jene, „die unter die Räuber (der modernen Welt) gefallen sind" (Lk 10,30).

Spürt man nicht einen wichtigen und einprägsamen Nachhall jener Spurensuche nach der Wahrheit und sich verfestigenden Sinngebung und Orientierung in den ersten Studienjahren nach dem Zweiten Weltkrieg, wenn noch Jahrzehnte später Kardinal Ratzinger gegen eine Enthistorisierung der Geschichte Jesu einwendet: „Ein Abstraktum braucht keine Mutter" (Zur Lage des Glaubens, 1985, S. 109)?

Man hört das Echo des Motto Kierkegaards, wenn Papst Benedikt XVI. in einer seiner ersten Predigten sagte: Christlicher Glaube ist nicht ohne Nachfolge. Nur wer den Glauben täglich tut und im Geiste Christi verwirklicht, gewinnt die Freiheit!

Das gottgeschenkte Leben ist mehr als eine ausbalancierte Story. Es ist etwas ganz anderes als ein Leben nach Kants kategorischem Imperativ der Pflicht. Lebensgeschichte soll Glaubensgeschichte werden. Du bist nicht das Eigentum des Staates. Du bist nicht Eigentum deiner Eltern, sondern du gehörst Gott, Gott allein. Jeder Mensch ist Bild und Gleichnis Gottes, auch der Ungetaufte. Gott ist es, der mit dir den Weg sucht, den deine Schritte gehen sollen.

Leben ist eine Wanderbaustelle, die weiterzieht, wenn eine Arbeit vollendet ist. ·

51

Anleitung zur
wissenschaftlichen Arbeit

An der Universität München besuchte ich die Dogmatikvorlesungen des weltberühmten Thomas- und Scholastikforschers Martin Grabmann (bis zur Aufhebung der Theologischen Fakultät im Februar 1939, weil die Freiheit der Forschung und Lehre nicht mehr gewährleistet sei!). Während seiner Ferienaufenthalte im Priesterheim in meiner Heimat Partenkirchen war ich sein täglicher Ministrant. Es war mir eine unerhörte Ehre, ihn auf seinen Spaziergängen zu begleiten, denen sich oft Geheimrat Eduard Eichmann (1870–1946) anschloß.

Martin Grabmann (1875–1949)

Der Dogmatiker
Prof. Dr. Martin Grabmann um 1935

Der „große" Grabmann war ein bescheidener, tieffrommer Gelehrter – ein Mann von einzigartiger Originalität und Einfachheit bis hin zur Unbeholfenheit. Er berichtete von seinen Funden und Entzifferungen mittelalterlicher Handschriften, und zwar so, daß man kaum merkte, daß er der Forscher war. In seinen Seminaren lernte ich die harte und nüchterne wissenschaftliche Arbeit. Er war es auch, der mich lehrte, das Geistesleben des „finsteren" Mittelalters zu lieben und zu schätzen. Im Gedächtnis geblieben ist mir sein oft und oft ausgesprochener Grundsatz, hinter dem zähe, oft auch erfolglose Arbeit durchscheint: „Meine Herren, wissenschaftliche Arbeit ist auch Aszese!"

Der hochgelehrte Dogmatikprofessor Grabmann hat mir und vielen anderen eine erste und wichtige Ahnung nahegebracht, daß im mittelalterlichen Geistesleben ein kaum bekannter Pluralismus der philosophischen, der theologischen wie der künstlerischen Richtungen vorlag, der zur radikal durchgeführten „Gleichschaltung" im Dritten Reich, wie sie vor allem durch den Propagandaminister Dr. Josef Goebbels (1897–1945) propagiert und praktiziert wurde, im krassen Gegensatz stand.

Grabmann war ein unermüdlicher und erfolgreicher Scholastikforscher, der geschichtliches Material erarbeitete und der Philosophie wie der Theologie zu Verfügung stellte. Er gab Impulse für die persönliche Begegnung mit Thomas von Aquin (1225–1274). Er zeigte auf, wie Thomas seine Schriften aufbaute und wie er argumentierte. Aber die persönliche Arbeit mußte der einzelne anpacken.

Heute noch sind in meinen Thomas-Büchern jene Stellen rot angestrichen, die mich damals begeisterten und die Fundament meines Kirchenbildes und meines Priesterverständnisses geworden und geblieben sind. So fand ich bei Thomas von Aquin in seiner „Summa theologiae IIIa" jene beglückende und immer wieder zur Demut und Ehrfurcht anregende Differenzierung: Bei der Eucharistiefeier betet und spricht der Priester „in persona omnium" (in der Person aller), er konsekriert aber „in persona Christi" (in der Person Christi).

Edith Stein (1892–1942)

Durch Martin Grabmann wurde ich aufmerksam gemacht auf eine hervorragende deutsche Übersetzung der thomasischen „Quaestio disputata de veritate" in zwei Bänden (1931 und 1932). Sie war von Edith Stein erstellt und von Martin Grabmann mit einem einfühlsamen Geleitwort versehen worden. Es war das seltene Glück, genau diese deutsche Übersetzung in der Manualbibliothek des Priesterseminars in Freising anzutreffen, die mir als Dozent zur Ordnung, Ergänzung und Ausleihe an die Seminaristen anvertraut war.

Die zweibändige Thomas-Übersetzung von Edith Stein wurde für mich wie für den Philosophiestudenten Joseph Ratzinger Anlaß und Anleitung zu einer gemeinsamen wissenschaftlichen Arbeit. Edith Stein war uns beiden damals (wie den meisten Deutschen) eine Unbekannte. Wir wußten nichts über ihr Leben, von ihrem Suchen nach der Wahrheit, von ihrem Eintritt in den Karmel als Ordensschwester Teresia Benedicta a Cruce, von ihrem Märtyrertod als christliche Jüdin am 9. August 1942 in den Gaskammern von Auschwitz.

Die Premiere des ersten wissenschaftlichen Werkes

Zunächst haben wir, der Student Joseph Ratzinger und ich, uns in die gut lesbare und verständliche Übersetzung von Edith Stein eingelesen. Wir begegneten ihrer deutschen Wiedergabe des lateinischen Originaltextes, vor allem der lateinischen, von Thomas von Aquin gebrauchten Begriffswelt. Es war eine einzigartige Einführung und ideale Einübung, aber auch harte Vorbereitung auf unsere Übersetzungsarbeit.

Erst dann begann die langsame Übersetzung der „Quaestio disputata de caritate". Es war eine kühne Pionierarbeit bereits auf höchstem Niveau. Für dieses Thomas-Werk gab es damals noch keine Übersetzung.

Ein kleines, schmales Zimmer, unmittelbar neben dem „Roten Saal" und zur Freisinger Wohnung des Erzbischofs gehörend, war unser „Gehäuse". Auf einem langen Tisch lag das lateinische Original, neben dem langsam die herangezogene Literatur anwuchs.

Seite für Seite übersetzte Ratzinger mit seinen Lateinkenntnissen, die er sich am Humanistischen Gymnasium in Traunstein und später, Luftwaffenhelfer bei der Flak, am Münchener Max-Gymnasium angeeignet hatte. „Ich hatte als Theologe keine Schwierigkeiten, die Quellen in Latein und Griechisch zu studieren", wie er in seine Erinnerungen „Aus meinem Leben" (S. 26) schreibt. Ratzinger übersetzte. Ich korrigierte den Text.

Mein schwierigster Sonderauftrag an ihn war, alle Zitate aus der Heiligen Schrift zu finden und nachzuprüfen. Hinzu kam, alle zitierten Philosophen und Theologen im Originaltext nachzulesen und wieder genau Kapitel und Vers festzuhalten, und zwar aus dem sogenannten „Migne" der „Series latina" (MPL: 217 Bände und 4 Registerbände) und der „Series graeca" (MPG: 161 Bände), der in der Manualbibliothek des Freisinger Priesterseminars zur Verfügung stand. Am häufigsten hatte Thomas von Aquin in diesem Text Aristoteles und Augustinus zitiert.

Eine wahre Sisyphusarbeit! Von Woche zu Woche wuchs das Opus: die erste wissenschaftliche Arbeit von Joseph Ratzinger! Neben den Vorlesungen an der Philosophisch-Theologischen Hochschule auf dem Freisinger Domberg war die Übersetzung des Thomas-Werkes „Quaestio disputata de caritate" unsere gemeinsame Freizeitbeschäftigung.

In einem Glückwunschschreiben zu meinem 80. Geburtstag vom 23. Juni 1995 hat Kardinal Ratzinger, Präfekt der Glaubenskongregation, fast nach einem halben Jahrhundert auf diese gemeinsame, wissenschaftliche Arbeit der Jahre 1946/1947 zurückgeschaut, als wäre sie erst gestern abgeschlossen worden.

Lieber Alfred!
… Du hast mir den Blick für die Philosophie geöffnet, mehr als es unseren akademischen Lehrern gelungen ist. Durch Dich habe ich die großen Gestalten des abendländischen Denkens in ihrer bleibenden Gegenwärtigkeit verstehen gelernt und so anfangen können, in das Mitdenken mit ihnen einzutreten. Durch den Auftrag, die Quaestio disputata des heiligen Thomas über die Liebe zu überset-

zen, hast Du mich dann auch in die Welt der Quellen hineingeführt,
mich gelehrt, aus erster Hand zu schöpfen und bei den Meistern
selbst in die Schule zu gehen. So stehst du am Anfang meines philo-
sophisch-theologischen Weges, und was Du mir gegeben hast, ist aus
diesem Weg nicht wegzudenken.

… Du hat mit einer unerschöpflichen Arbeitskraft und Kreativität
eine fast unüberschaubar Fülle von Publikationen vorgelegt, mit
denen Du vielen Menschen helfen konntest, sich in der Wirrnis der
Zeiten zu orientieren. Nie hast Du die Offenheit und die Weite des
Denkens aufgegeben, die uns 1946 so beeindruckt hat; zugleich hast
Du mit Deinem ganzen Wirken gezeigt, daß Offenheit und Gläu-
bigkeit, Weite des Denkens und Treue zur Kirche keine Widersprü-
che sind, wie man heute vielfach meint – während sich immer mehr
zeigt, daß gerade der Verlust des lebendigen Zusammenhangs mit
der Kirche auch das Denken steril werden läßt. Für all dies möchte
ich Dir heute von Herzen danken, und es ist keine Phrase, wenn ich
diesen Dank mit dem Wunsch verbinde, daß Du uns noch lange mit
den Gaben Deines Geistes beschenken kannst.

So grüße ich Dich in herzlicher und dankbarer Verbundenheit. Mit
meinen besten Segenswünschen,
Dein Joseph Cardinal Ratzinger

Bereits im Frühstadium unserer Begegnung und unserer wissenschaftlichen Arbeit hat uns, ohne den Fundort zu kennen,
ein Augustinus-Wort beglückt: „In ecclesia non valet: quod hic
dicit, quod ille dicit, sed: Haec dicit dominus – In der Kirche gilt
nicht, was dieser oder jener sagt, sondern: was der Herr sagt."

Eine weitere wissenschaftliche Zusammenarbeit hat es etwa
20 Jahre später gegeben. Für das Sammelwerk „Wahrheit und
Zeugnis. Aktuelle Themen der Gegenwart in theologischer
Sicht", das ich 1964 mit Michael Schmaus (1897–1993) heraus-
gab, ist es mir gelungen, den damaligen Dogmatikprofessor in
Münster, Dr. Joseph Ratzinger, für die beiden Stichworte „Athe-
ismus" (S. 94–100) und „Kirche – Zeichen unter den Völkern"
(S. 456–466) zu gewinnen.

Wer diese beiden Artikel und die Literaturhinweise heute liest,
entdeckt wie im theologischen Grundriß die spätere Vertiefung

und Ausreifung dieser Themen, vor allem in seiner Tätigkeit als Präfekt der Glaubenskongregation (1982–2005). So schrieb der Münsteraner Dogmatikprofessor dort über eine Definition der Kirche: „Die Kirche ist das Volk Gottes, das vom Leib Christi lebt und in der Eucharistiefeier selbst Leib Christi wird" (S. 459).

Vom Opus 1 seiner wissenschaftlichen Werke, nämlich der vom Philosophiestudenten Joseph Ratzinger 1946 in Freising geschaffenen Übersetzung der „Quaestio disputata de caritate" des Thomas von Aquin bis zur ersten Enzyklika des Papstes Benedikt XVI. „Deus caritas est" im Jahre 2005 wölbt sich der große Bogen des Themas „Liebe".

Gespräche über John Henry Newman (1801–1890)

Anläßlich eines Akademischen Symposiums der Pontificia Universitas Urbaniana in Rom zum 100. Todesjahr von John Henry Newman vom 26. bis 28. April 1990 hat Kardinal Joseph Ratzinger am 28. April 1990 eine sehr persönliche Ansprache über seinen Zugang zu Persönlichkeit und Werk Newmans gehalten. Seine Rede schloß mit den Worten: „Newman gehört zu den großen Lehrern der Kirche, weil er zugleich unser Herz berührt und unser Denken erleuchtet." Zu Beginn heißt es:

… vielleicht ist es sinnvoll und dem Thema dieses Tages gemäß, wenn ich ein wenig über meinen eigenen Zugang zu Newman sage, in dem sich ja auch etwas von der Gegenwart dieses großen englischen Theologen im geistigen Ringen unserer Zeit widerspiegelt. Als ich im Januar 1946 in dem nach den Kriegswirren endlich wiedergeöffneten Freisinger Priesterseminar mein Studium der Theologie beginnen konnte, fügte es sich, daß unserer Gruppe ein älterer Student als Präfekt zugeteilt wurde, der noch vor Kriegsbeginn an einer Dissertation über Newmans Theologie des Gewissens zu arbeiten begonnen hatte. In all den Jahren seines Einsatzes im Krieg hatte er dieses Thema nicht aus den Augen verloren, das er nun mit neuer Begeisterung und Energie aufgriff. Schon bald verband uns

Kardinal John Henry Newman

persönliche Freundschaft, die ganz um die großen Probleme der
Philosophie und der Theologie kreiste. Daß Newman dabei immer
gegenwärtig war, versteht sich von selbst. Alfred Läpple – er war
der genannte Präfekt – hat dann 1952 seine Dissertation unter dem
Titel „Der Einzelne in der Kirche" veröffentlicht.
Newmans Lehre vom Gewissen wurde für uns damals zu einer
wichtigen Grundlegung des theologischen Personalismus, der uns
alle in seinen Bann zog. Unser Menschenbild wie unser Bild von
der Kirche wurde von diesem Ausgangspunkt her geprägt. Wir hatten den Anspruch einer totalitären Partei erlebt, die sich selbst als die
Erfüllung der Geschichte verstand und das Gewissen des Einzelnen
negierte; einer ihrer Führer (Hermann Göring) hatte gesagt: „Ich
habe kein Gewissen! Mein Gewissen ist Adolf Hitler." Die unge-
heure Verwüstung des Menschen, die daraus folgte, stand uns vor
Augen. So war es für uns befreiend und wesentlich, zu wissen, daß

das Wir der Kirche nicht auf dem Auslöschen des Gewissens beruhte, sondern genau umgekehrt sich nur vom Gewissen her entwickeln kann. Gerade Newman deutete die Existenz des Menschen vom Gewissen her, das heißt im Gegenüber von Gott und Seele, war sich aber auch klar, daß dieser Personalismus kein Individualismus ist und daß die Bindung an das Gewissen keine Freigabe in die Beliebigkeit hinein bedeutet – das Gegenteil ist der Fall. Von Newman her lernten wir den Primat des Papstes verstehen: Gewissensfreiheit – so sagte uns Newman – ist nicht identisch mit dem Recht, „sich vom Gewissen zu dispensieren, einen Gesetzgeber und Richter zu ignorieren und von unsichtbaren Verpflichtungen unabhängig zu sein". So ist Gewissen in seinem wahren Sinn Fundament der päpstlichen Autorität. Denn ihre Macht kommt aus der Offenbarung, die das nur unvollkommen erleuchtete natürliche Gewissen ergänzt, und „das Eintreten für das moralische Recht des Gewissens ist der Sinn seiner Existenz".

Ich brauche wohl nicht eigens zu sagen, daß mir diese Gewissenslehre im Fortgang der Entwicklung von Kirche und Welt nur immer noch wichtiger geworden ist. Immer mehr sehe ich, wie sie sich ganz erst erschließt im Zusammenhang der Biographie des Kardinals, die wiederum nur zu verstehen ist im Kontext des geistigen Dramas seines Jahrhunderts und gerade so zu uns spricht. Newman war als Mann des Gewissens zum Konvertiten geworden; es war sein Gewissen, das ihn aus den alten Bindungen und Geborgenheiten herausführte in die für ihn schwierige und ungewohnte Welt des Katholizismus hinein. Aber gerade dieser Gewissensweg ist alles andere als ein Weg der sich selbst behauptenden Subjektivität: Er ist ein Weg des Gehorsams zur objektiven Wahrheit.

Der zweite Schritt in Newmans lebenslangem Bekehrungsweg war ja die Überwindung der subjektiv-evangelikalen Position zugunsten einer auf die Objektivität des Dogmas gründenden Auffassung von Christentum. Ich finde in diesem Zusammenhang immer noch und gerade heute höchst bedeutend eine Formulierung aus einer seiner frühen Predigten. „Wahres Christentum ... erweist sich im Gehorsam und nicht durch einen Bewußtseinszustand. So ist die ganze Pflicht und Arbeit eines Christen auf diesen beiden Teilen aufgebaut, auf Glaube und Gehorsam; ,er sieht auf Jesus' (Hebr 2,9) ...

und handelt nach seinem Willen ... " Wir sind, scheint mir, heute in
der Gefahr, auf keines von beiden Gewicht zu legen, wie wir sollten.
JOSEPH CARDINAL RATZINGER IN: JOHN HENRY NEWMAN. LOVER OF TRUTH,
ROM 1991, S. 141–146

Bereits vor dem Zweiten Weltkrieg hatte der Moraltheologe
Theodor Steinbüchel, mein Doktorvater, mir das Thema „Das
Gewissen bei John Henry Newman" als Promotionsthema ge-
geben. Es hat mich begleitet und auch innerlich gefestigt in den
Jahren des Dritten Reiches und des Zweiten Weltkrieges. Man-
che Details wurden im Stenogramm festgehalten.

Beginnend mit meiner Erstbegegnung mit Joseph Ratzinger im
Januar 1946 im Priesterseminar Freising war John Henry New-
man nicht nur ein Thema. Newman war unsere Leidenschaft.
Er sprach von Freiheit, von der Bedeutung und Tragweite des
Gewissens, von der Verantwortung des Gewissens. Der Hinweis
Ratzingers auf Adolf Hitler und Hermann Göring ist ein deut-
licher Nachklang, eine kräftige Erinnerung an damals geführte
Gespräche.

Die Persönlichkeit und die schweren Entscheidungen Newmans wurden zu existentiellen Themen unserer eigenen Ortsbe-
stimmung und Zukunftsperspektive. Es reizte uns beide die Frage:
Wie kommt ein freiheitsliebender Engländer wie Newman im
Raum der katholischen Kirche, angesichts des unfehlbaren Lehramtes, zurecht? Wie kann Freiheit in die Gemeinschaft der Kirche und des Staates eingebunden werden, ohne sie zu entwerten
und dem Menschen zum bloßen Vollzugsorgan zu degradieren?

Aus diesen Dialogen ist manches eingeflossen in meine theologische Promotionsschrift „Der Einzelne in der Kirche. We-
senszüge einer Theologie des Einzelnen nach John Henry Newman (Münchener Theologische Studien, 1952. Eine glänzende
Besprechung verfaßte Dr. Joseph Ratzinger in: Klerusblatt,
36. Jahrgang, 1956, S. 223–224).

Nach einer Zeit der Entrechtung und Mißachtung des Gewissens während des Dritten Reiches (1933–1945) stellte sich die
Frage: Wie frei ist das Gewissen angesichts der Entscheidungen
des kirchlich-päpstlichen Lehramtes? Ist der katholische Christ

in seinen religiösen wie in seinen politischen Entscheidungen wirklich frei oder steht er unter einem Diktat, wie man es den Katholiken im Kulturkampf vorwarf? Wird zwar von der „herrlichen Freiheit der Kinder Gottes" (Röm 8,21) gesprochen, in der Praxis jedoch nur nach Roms Weisungen gehandelt, wie man es mit dem Schlagwort „Ultramontanismus" den Katholiken vorwarf?

Angeregt durch den scharfsichtigen Star der Münchener Professoren, Gottlieb Söhngen, war eine erste Frage zu beantworten: Wenn der eine und gleiche Gott im Gewissen wie im Lehramt der Kirche spricht, kann es nur Harmonien, nicht aber Dissonanzen zwischen beiden geben.

Ein weiterer Schritt der Klärung war die Unterscheidung: Ist das Gewissen direkt und unmittelbar „die Stimme Gottes" oder nur „Echo der Stimme Gottes" mit möglichen Fehlerquoten?

Es mußte dann nochmals präzisiert werden: Gewissen ist nicht gleich Gewissen. Es gibt ein irrendes Gewissen.

Ein Gewissen muß im Entscheidungsfall richtig orientiert sein und gleichzeitig auch richtig funktionieren. Vielerlei Fehlerquellen der Orientierung wie des psychologischen Ablaufes können entstehen.

Beim Abwägen hat das Gewissen die schlechteren Karten, denn im kirchlichen Lehrentscheid kulminieren Erkenntnisse vieler Gremien und fachkundiger Einzelpersonen. Die päpstliche Autorität ist nicht freischwebend, sondern eingebunden in den Glauben der Kirche, in Schrift und lebendige Überlieferung, im Gebet und in der Mystik.

Nicht wenige Gedanken und Diskussionen in der ersten Zeit unserer Freundschaft sind später in geläuterter und gereifter Form in jene überaus wichtigen und zu wenig beachteten Texte eingegangen, die der Theologieprofessor Dr. Joseph Ratzinger als Mitglied der Internationalen Theologenkommission über die Thematik „Die Einheit des Glaubens und der theologische Pluralismus" niedergeschrieben hat (dazu unten S. 142 ff.).

Im Frühstadium unserer Gespräche über Newman waren wir begeistert von Newmans Einsatz für die Gewissensfreiheit. Zentralsätze der damaligen Zeit waren:

Spräche der Papst gegen das Gewissen im wahren Sinn des Wortes, so wäre das ein selbstmörderischer Akt. Er würde den Boden unter seinen eigenen Füßen weggraben. Seine eigentliche Sendung ist, das Sittengesetz zu verkünden und jenes „Licht" zu stützen und zu stärken, „das jedem Menschen leuchtet, der in diese Welt kommt." Auf dem Gesetz und der Heiligkeit des Gewissens beruht sowohl das Prinzip seiner eigenen Autorität als auch seine faktische Macht ...

Wenn ich je der Religion in einem Tischspruch zum Schluß des Mahles einen Platz anweisen muß, so werde ich trinken auf das Wohl des Papstes, wenn es Euch beliebt – doch auf das Wohl des Gewissens zuerst, und dann auf das Wohl des Papstes.
JOHN HENRY NEWMAN: BRIEF AN DEN HERZOG VON NORFOLK, 1875

In einer 1991 gehaltenen Rede bei der Versammlung der amerikanischen Bischöfe in Dallas hat Kardinal Ratzinger als Präfekt der Glaubenskongregation das Thema „Wenn du den Frieden willst, achte das Gewissen jedes Menschen" behandelt. Dabei hat er wiederholt und ergiebig John Henry Newman zitiert. Er sprach vom Gewissen, das in der Gottebenbildlichkeit des Menschen wurzelt. Gleichzeitig verwies er auf das spannungsgeladene Verhältnis von Gewissen und Wahrheit. (Diese Rede ist veröffentlicht in Joseph Cardinal Ratzinger: Wahrheit, Werte. Macht, 1993, S. 25–62.)

Die Problematik kirchliches Lehramt – persönlicher Glaube, die uns beide damals tief bewegte und in immer neuen Diskussionen besprochen wurde, hat 1973 der damalige Professor Dr. Joseph Ratzinger an der Universität Regensburg in seinem ruhigen, sanften, geradezu klassisch ausgereiften Stil formuliert: „Das Ich des Credo ist die Kirche; der Einzelne glaubt nicht aus Eigenem, sondern mit der Kirche."

DER PRIMIZZEREMONIAR (1947)

In unseren Gesprächen gab es neben philosophischen und theologischen Fragen ein bleibendes Thema, das jeder auf seine Weise ganz persönlich zu beantworten hatte: Kann ich Priester werden? Bin ich von Gott berufen, Priester zu werden? Warum ausgerechnet ich? In der ersten Nachkriegszeit wurde im Freisinger Priesterseminar der Text einer mittelalterlichen Handschrift aus dem Salzburgischen herumgereicht, immer wieder abgeschrieben und gewiß auch zur Betrachtung verwendet:

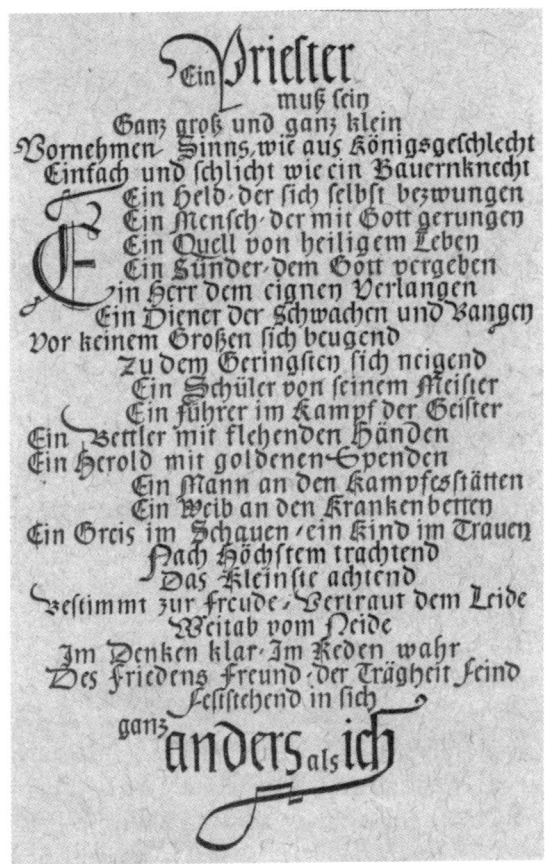

Dieser Text sprach uns zunächst an. Bald aber vermißten wir die mystisch-sakramentale Tiefe. Er war eine psychologische Lebenshilfe, kein Weg zur priesterlichen Existenz, wie ihn die Mysterientheologie eines Odo Casel (1886–1948) oder Gottlieb Söhngen in seinen Hinweisen auf „sapientia" (Weisheit) und „mysterium" (Geheimnis) vermittelt hatten.

Wir sahen uns als Priester am Altar und vor die Fragen gestellt: Was geschieht in der Wandlung? Durch wen ereignet sich das Geheimnis der Verwandlung? Wir standen vor der Gegenüberstellung von psychologischer „Vergegenwärtigung" (wie beim Kreuzweg oder bei einem Passionsspiel) und sakramental-ontischer „Gegenwärtigsetzung" (repraesentatio) im „mysterium fidei" (Geheimnis des Glaubens).

Primizzeremoniar Joseph Ratzinger

Es ist sicherlich ungewöhnlich, einen Philosophiestudenten, der noch kein Semester Theologie studiert hat, als Zeremoniar zu seiner Primiz zu bitten. Aber die seit Januar 1946 gemeinsam verbrachten vier Semester im Roten Saal waren so schön wie arbeitsreich und glücklich gewesen, daß ich bei meiner Primiz im schönen Werdenfelser Land auch den jugendlichen Freund Joseph dabeihaben wollte.

Mit einer Verspätung von sieben Jahren hatte ich mit 16 Mitbrüdern am 29. Juni 1947 im Hohen Dom zu Freising durch Erzbischof und Kardinal Michael von Faulhaber, einem tapferen Streiter gegen das Dritte Reich, die Priesterweihe empfangen. Dieser Erzbischof hat mir (nach den damaligen Vorschriften) alle vier Niederen Weihen des Ostiariers, des Lektors, des Exorzisten und des Akolythen und die beiden Höheren Weihen des Subdiakons und des Diakons gespendet.

Unter den 16 Neupriestern meines Weihejahrgangs 1947 waren drei „Algasinger" – neben mir Johannes Waxenberger (aus Velden an der Vils) und Adolf Leuthner (aus Mittenwald). Algasing war ein Bubeninternat der Barmherzigen Brüder mit achtklassiger Volksschule. Für uns war Algasing Heimat und

Joseph Ratzinger als Zeremoniar am Primiztag von
Alfred Läpple neben der hohen Geistlichkeit

Geborgenheit, aber zugleich eine strenge und doch fröhliche
Lern- und Charakterschule gewesen. Unser hochverehrter Religionslehrer in allen Klassen war der Jesuitenpater Konstan-
tin Einsiedler gewesen, ein alter, aber junggebliebener China-
missionar, der uns mit Liebe und Sachkenntnis zur Erstbeichte
und Erstkommunion geführt hatte.

Die sechzehn Neupriester haben die Schule der Theologie und – wie
jeder Deutsche in diesen Lebensjahren – auch die harte und oft wi-
derlich erbärmliche Schule des Krieges durchgemacht.
LORENZ FREIBERGER IN: KATHOLISCHE MÜNCHENER KIRCHENZEITUNG

Am 6. Juli 1947 durfte ich meine Primiz in St. Anton in Partenkirchen feiern: Diakon Adolf Leuthner, Subdiakon Georg Warmedinger, Zeremoniar Joseph Ratzinger, Primizprediger Seminardirektor Rudolf Brunner. Es war nach dem Zweiten Weltkrieg das erste religiöse Volksfest im Werdenfelser Land, mit über 10.000 Besuchern.

50 Jahre später hat Kardinal Joseph Ratzinger mir in einem Schreiben aus Rom die starke und bleibende Erinnerung dieser Primiz geschildert. Ein halbes Jahrhundert später! Ich war selbst überrascht, wie genau er ein damals geführtes Gespräch über die Jahrzehnte hinweg festgehalten hat.

Lieber Alfred!
Morgen werden es fünfzig Jahre, daß Du durch die Handauflegung unseres Bischofs, des verehrungswürdigen Kardinal Michael von Faulhaber, die Priesterweihe empfangen hast. Dieser Tag wie auch die herrliche Primiz in Partenkirchen, an der ich als Zeremoniar teilnehmen durfte, sind mir tief ins Gedächtnis eingeschrieben. Ich habe in diesen festlichen Tagen mehr als je zuvor erlebt, was es heißt, Priester Jesu Christi in seiner Kirche sein zu dürfen. Du selber hast damals gesagt, wie es Dich ergriffen hat, Jesu eigene verwandelnde Worte über Brot und Wein sprechen zu dürfen, ihm die Stimme, das Wort, das eigene Sein zu geben …
JOSEPH CARDINAL RATZINGER: BRIEF VOM 28. JUNI 1997

In einem Bericht über diese Primiz war zu lesen:

Der Primiziant Läpple hat an den Anfang seines priesterlichen Wirkens einen Liebesdienst für die Flüchtlinge der Marktgemeinde überreicht aus den freiwilligen Geldspenden aller Primizteilnehmer.
HOCHLAND-BOTE VOM 4. JULI 1947

Kennzeichnend für die damalige Zeit war, daß jeder, der zum Primizmahl eingeladen war, auch Fleisch-, Brot-, Fett- und Zuckermarken abliefern mußte.

Im Vorfeld meiner Primiz hatte es Diskussionen gegeben, die hier noch angerissen werden sollen.

Aufregung durch Zeitschriftenartikel

Im November 1946 veröffentlichten die „Frankfurter Hefte" einen Artikel von Ida Friederike Görres (1901–1971), den „Brief über die Kirche" – der im Freisinger Priesterseminar heftige Debatten auslöste. Die Verfasserin stellte dem Eindruck, den der Glanz der Tradition und Kultur der katholischen Kirche auf einen Außenstehenden machen konnte, den ernüchternden Alltag vieler Katholiken sowie erschreckende Zustände im Klerus und im kirchlichen Apparat gegenüber. Obwohl sie diesen harten Blick auf den „real existierenden Katholizismus" einzuordnen verstand und ihre unverbrüchliche Treue zur Kirche aus der Wahrheit der christlichen Lehre und ihrem unerschütterlichen Glauben herleitete, reagierte ihr Erzbischof Conrad Gröber (Freiburg) mit einem scharfen Hirtenbrief. Kardinal Faulhaber verbot Görres das öffentliche Auftreten in seiner Erzdiözese München und Freising.

Ida Friederike Görres stand in brieflichem Austausch mit Joseph Ratzinger. Als sie 1971 starb, sprach er, damals Dogmatikprofessor in Regensburg, Gedenkworte beim Requiem im Freiburger Münster am 19. Mai. Ein Auszug:

Gewiß, auch ihr ist es nicht leicht gewesen, konkret fertig zu werden mit einer Kirche, die sich selbst nicht mehr zu kennen scheint, die oft geradezu als ihr eigenes Gegenteil auftritt.

Wir danken Gott, daß sie war. Daß diese sehende, mutige und gläubige Frau der Kirche in diesem Jahrhundert gegeben wurde.
JOSEPH RATZINGER IN: IDA F. GÖRRES U. A.: AUFBRUCH – ABER KEINE AUFLÖSUNG. BRIEF ÜBER DIE KIRCHE UND ANDERES, 1971, S. 148, 150

Im Dezember 1946 erschien in der wiedergegründeten Zeitschrift „Hochland" ein Beitrag von ihrem Herausgeber Franz Josef Schöningh († 1956) mit dem Titel „Die Gabe der Unterscheidung", der im Freisinger Priesterseminar einen wahren Aufruhr auslöste.

Viele der damaligen Theologiestudenten waren jahrelang im Krieg bzw. in Kriegsgefangenschaft gewesen. Wollte man den ehemaligen Soldaten einen Vorwurf machen, weil sie nicht Nein zum Krieg, zum Fahneneid auf den „Führer und Reichskanzler" gesagt hatten? Der Artikel zielte jedoch auf die kirchliche Führung:

Es gab in allen Rängen der Kirche Vertreter, die nichts mehr von der Unterscheidung der Geister wußten, weil sie Schlangenlist und Tauben-güte voneinander schieden, die doch unlöslich miteinander verbunden sein müssen; die einem aalglatten „Diplomaten" ins Netz gingen, weil er es aus Rosenkränzen geflochten hatte; denen nicht einmal der Anblick eines der Kloake entkommenen Gesichts genügte, um sofort zu wissen, daß aus einem solchen Munde Lüge und nur Lüge triefen könne.
Franz Joseph Schöningh in: Hochland 39 (1946) S. 177

Was wäre aus uns Theologiestudenten geworden, wenn wir Nein und nur Nein gesagt hätten? – Keiner wäre ins Priesterseminar zurückgekehrt, weil er standrechtlich erschossen worden wäre.

Wir aus dem Krieg Heimgekehrten spürten: Die Zeit nach 1945 und unser späteres seelsorgliches Wirken als Priester wird kein reines Frohlocken sein. Sowohl Opfer wie Täter der Nazizeit werden unserer Seelsorge anvertraut sein. In meinem Weihekurs 1947 waren zwei Flüchtlinge aus Schlesien, die uns einen Einblick gaben in das Unrecht, in das Elend der Vertreibung. Von ihnen erfuhren wir vom Tod des Breslauer Erzbischofs Kardinal Adolf Bertram († 6. Juli 1945). Wir waren erschüttert von der Tragödie der ostdeutschen Diözesen und über die zwielichtigen Aktionen von Kardinal Augustyn Hlond (1881–1948). Das römische Reskript vom 8. Juli 1945 in italienischer Sprache, das auf Grund ungenügender Informationen entstand, hat zur Resignation des deutschen Episkopates „in tutto il territorio polacco" und zur Polonisierung der Bischöfe geführt. Dieses war uns damals nicht bekannt.

Das Mysterium

Während meines Alumnatsjahres 1946/1947 kam mir das Buch „Der Kaplan" (1919) von Joseph Bernhart in die Hände. Der Autor war ein exkommunizierter Priester und Ehemann, der

Auf dem Weg zur Primiz in Partenkirchen am 6. Juli 1947:
vorne der Zeremoniar Joseph Ratzinger, dahinter der Primiziant Alfred Läpple

aber der Kirche stets die Treue hielt. Will ich ein Priester werden, dem die Last zu groß wird und der zum Ärgernis vieler
Christen wird?

Auf der Suche und im Nachgrübeln über mein Priesterbild entdeckte ich das Hiobbuch von Peter Lippert (1879–1936). Allzu gut konnte ich mich in diese Texte einfühlen und mit Hiob/Lippert sprechen:

Laß mich mit Dir reden, Herr! … Du weißt ja schon alles, was ich Dir sagen will. Aber ich muß es einmal aussprechen vor Dir … meine Fragen, meine Anfragen, meinen Schmerz … Herr, ich weiß nicht, was ich von Deinen Dienern denken soll … es sind so allmächtige Befehlshaber unter ihnen und Großsiegelbewahrer, und manche sind allzu gestrenge Wächter Deines Hauses und arg mürrische Hausverwalter … Unser dunkles Sternlein wird erst dann Licht und Feuer, wenn es mitten in Deine Sonne hineinstürzt. Aber wie kann das sein?
Peter Lippert: Der Mensch Iob redet mit Gott, 1934, S. 9, 119, 190, 198

Eine wichtige und bleibende Hilfe war mir die Unterscheidung: Der Priester handelt und spricht bei der Feier der heiligen Messe „in persona ecclesiae" (in Person der Kirche), aber auch „in persona Christi". Während der Weiheexerzitien fiel ein Wort von Johannes Chrysostomus (344–407), das mich tief getroffen hat, viele meiner Fragen beantwortete und mich überglücklich zur Priesterweihe durch Kardinal Michael von Faulhaber im Hohen Dom zu Freising am 29. Juni 1947 schreiten ließ:

Nicht der Mensch bewirkt, daß die Opfergaben Leib und Blut Christi werden, sondern Christus selbst, der für uns gekreuzigt worden ist. Der Priester, der Christus repräsentiert, spricht (nur) die Worte aus, aber ihre Wirkkraft und Gnade kommen von Gott. Das ist mein Leib, sagt er. Dieses Wort (Christi) verwandelt die Opfergabe.
Johannes Chrysostomus, genannt „Doctor Eucharisticus"

Der Priester leiht Christus, dem einen und einzigen Hohenpriester des Neuen Bundes (Hebr 5,1–10), seine Gestalt, sein Wort, seine Gesten. Es ist aber Christus selbst, der „ein für allemal" (Hebr 7,27; 9,12.26; 10,14) für die Menschheit gestorben ist, der das Wunder der Wandlung wirkt. Diese wunderbare und beglückende Erkenntnis meiner Weiheexerzitien prägte meine Primizmesse am 6. Juni 1947 vor der Wallfahrtskirche St. Anton über Partenkirchen.

Das Primizmahl fand im neu eröffneten „Gasthof zum Melber" (in der Ludwigstraße von Partenkirchen, wo damals gegenüber das Priesterheim stand) statt; mein Zeremoniar saß an meiner Seite. Danach gingen in der Zeit bis zur Abendandacht zwei einen einsamen Weg von der Ludwigstraße in Richtung Olympia-Sprungschanze: der Primiziant und sein Zeremoniar. Während dieser Zeit gab es ein einziges Gesprächsthema: die Wandlung in meiner Primizmesse.

Gespräche und Gedanken des Jahres 1947 klangen noch in den späteren Auseinandersetzungen über das Berufsbild und die Klärung der Tätigkeiten des Pastoralassistenten nach. Als Erzbischof von München und Freising hat Joseph Ratzinger geschrieben:

Wenn „Pastoralassistent" ein Beruf mit Zukunft sein soll, muß er in sich selbst sinnvoll sein und mehr als eine Vorstufe für etwas anderes. Mit dieser Erkenntnis ist aber auch von selbst die innere Bedeutung des Ordo wieder klar geworden. Niemand kann von sich aus das ICH Jesu Christi benützen und sagen: „Dies ist mein Leib"; auch die Kirche kann dies nicht von sich aus verfügen. Würde sie es tun, dann hörte sie auf, Träger einer Vollmacht zu sein, die sie sich nicht selber gegeben hat; sie finge an, im eigenen Namen zu sprechen und würde einer der vielen Vereine sein, die nur sich selbst betreiben. Am Sakrament hängt es, ob sie Kirche ist oder nicht. Was heißt dies? Für jene Aufgabe, für die Eucharistie Mitte ist (wir nennen sie „Seelsorge"), ist der Ordo nicht äußerlich, sondern „funktional", innerste Voraussetzung, ohne die das Ganze zerfällt. „Priester können nur durch Priester ersetzt werden." Umgekehrt: der Beruf des Pastoralassistenten kann also nicht einen etwas reduzierten Ersatzpriester meinen; er muß demgemäß ein Laienberuf mit eigenem Gepräge sein.

<small>Joseph Cardinal Ratzinger: Brief an die Priester und Diakone des Erzbistums München und Freising vom 30. Oktober 1978</small>

EIN BUCHGESCHENK MIT KONSEQUENZEN (1949)

Henri de Lubac (1896–1991)

Im Herbst 1949 hatte mir Alfred Läpple das vielleicht bedeutendste Werk von Henri de Lubac „Katholizismus" in der meisterhaften Übersetzung von Hans Urs von Balthasar geschenkt. Dieses Buch ist mir zu einer Schlüssellektüre geworden. Ich bekam dadurch nicht nur ein neues und tiefes Verständnis zum Denken der Väter, sondern auch einen neuen Blick auf die Theologie und den Glauben insgesamt. Glaube war hier innere Anschauung und gerade durch das Denken mit den Vätern wieder Gegenwart geworden ... es eröffnete ein neues Verstehen der Einheit von Kirche und Eucharistie, eines im Wir gedachten und gelebten Glaubens.

JOSEPH CARDINAL RATZINGER: AUS MEINEM LEBEN, 1998, S. 69

Der Jesuit Henri de Lubac, Konzilsberater und 1969–1974 Mitglied der Internationalen Theologenkommission

Nicht nur die Theologie, sondern auch das Schicksal dieser Theologie und ihres Autors wurde dem Theologiestudenten Joseph Ratzinger bekannt. Durch die Theologie der Väter wurde sein Herz tief und beglükkend berührt. Er begann Glaube, Eucharistie und Kirche in einer neuen, sakramental-mystischen Sicht zu sehen.

Noch während seines Theologiestudiums und der Erarbeitung seiner Promo-

75

tionsschrift bei Gottlieb Söhngen mußte Joseph Ratzinger erkennen, daß neue Wege in der Theologie wie in der „Nouvelle théologie" gefährlich sind. Gerade Ratzingers Abschlußjahr an der Universität in München, das Jahr 1950, war für Henri de Lubac stürmisch, ja tragisch. Im Juni verhängte die Ordensleitung für den Jesuiten Henri de Lubac ein Lehr- und Veröffentlichungsverbot sowie seine „Verbannung" aus der katholischen Universität in Lyon. In der Enzyklika „Humani generis" vom 12. August 1950, die Papst Pius XII. erließ, war, wenn auch unausgesprochen, Henri de Lubac mit seinen theologischen Thesen gemeint.

Diese Erfahrungen haben sicherlich bei dem späteren Präfekten der Glaubenskongregation nachgewirkt. In seinen späteren Entscheidungen war er bemüht um aufrichtige Zwiegespräche mit Betroffenen. Gewiß auch um die Anrufung des Heiligen Geistes.

Mein Buchgeschenk des Jahres 1949 hatte unvorausgesehene Konsequenzen für das innere, sakramentale und geheimnisvolle Gesicht seines Kirchenbildes, aber auch für den nicht immer glücklichen Umgang der sichtbaren Kirche mit Ordensleuten, Priestern und Theologieprofessoren und ihren wissenschaftlichen wie menschlichen Problemen (etwa mit dem Zölibat).

Nach dem Zusammenbruch des Hitlerregimes und dem Ende des Zweiten Weltkriegs dauerte es Wochen und Monate, bis in den Städten und Gemeinden die politische und familiäre „Normalität" begann. In den Schulen wurden Schulbücher aus der Nazizeit ausgesondert und verbrannt. An den Realschulen und Gymnasien mußten neue Rektoren und Oberstudiendirektoren eingesetzt werden. Erst als Abiturienten der Kriegsjahre und Studenten aus der Kriegsgefangenschaft zurückkehrten, konnte an den Vorlesungsbeginn der Universitäten gedacht werden.

Das erste Nachkriegssemester an der Universität München war das Wintersemester 1945/46. Nach siebenjährigem Verbot konnte die Theologische Fakultät in München wieder eröffnet werden, jedoch nicht am angestammten Platz an der Ludwigstraße, sondern am südlichen Stadtrand Münchens, in Fürstenried. Um den Kontakt mit den übrigen Fakultäten, vor allem mit den Studenten lebendig zu halten, hielt der Dogmatikprofessor Michael Schmaus (lehrte in München 1946–1965) in einem der wenigen erhaltenen Hörsäle der zerbombten Universität eine Vorlesungsreihe für Hörer aller Fakultäten mit dem Thema „Das Wesen des Christentums" (sehr bald in Buchform erschienen: 1947).

Unter den neuen Professoren der Theologischen Fakultät in Fürstenried, die teils aus Breslau, teils aus Münster kamen und ihre Vorlesungen im berühmten „Gewächshaus" hielten, waren drei „Stars": der Fundamentaltheologe Gottlieb Söhngen, der Dogmatiker Michael Schmaus und der Neutestamentler Friedrich Wilhelm Maier.

Da ich von 1948 bis 1951 mein Doktoratstudium machte, habe ich zusammen mit dem Theologiestudenten Joseph Ratzinger die gleichen Vorlesungen bei den gleichen Professoren gehört. Ich selbst war von 1948 bis 1952 Dozent im Priesterseminar in Freising und konnte nur zweimal in der Woche an den Vorlesungen in Fürstenried teilnehmen – mit einem langen Anlaufweg: per Eisenbahn von Freising nach München, per Trambahn vom Hauptbahnhof zum Waldfriedhof, per pedes apostolorum vom Waldfriedhof nach Fürstenried.

Rupert Berger, der aus Traunstein stammte und mit den Ratzingerbrüdern durch Erzbischof Kardinal Michael Faulhaber im Dom zu Freising zum Priester am 29. Juni 1951 geweiht wurde, hat in der Hauszeitschrift des Herzoglichen Georgianums in München einen interessanten Artikel „Gemeinsame Jahre (1947–1951) im Georgianum mit Papst Benedikt XVI." veröffentlicht. Darin ist zu lesen: „Ratzinger wurde gelegentlich von seinem Doktorvater Gottlieb Söhngen in die Oper (Prinzregententheater in München) mitgenommen" (Epistula, Nr. 54/2005 u. 2006, S. 14–16).

*Prof. Dr. Gottlieb Söhngen, Fundamentaltheologe und
Doktorvater Joseph Ratzingers*

Gottlieb Söhngen (1892–1971)

Man muß diesen aus Köln stammenden Fundamentaltheologen
in seinen Vorlesungen gehört und mit seiner Gestik gesehen haben, um ihn würdigen zu können: Gottlieb Söhngen, der „mit
der Gabe des geisterfüllten Wortes in unvergleichlicher Größe
beschenkt war" (Joseph Ratzinger). Söhngen hatte kein bis ins
letzte Detail ausgearbeitetes Manuskript vor sich, sondern nur
einzelne Stichworte mit Rufzeichen und Fragezeichen. Wenn
ihn ein besonderer Geistesblitz überfiel, ging er von seinem Pult
weg und dozierte in freier, druckreifer Rede – bald zögerlich und
innehaltend, bald in gewaltigen Kaskaden wie ein herabstürzen-
der Wasserfall.

Ich habe ihn während der erschütternden Vorgänge um Henri
de Lubac in seiner Wohnung erlebt, als er sich am Klavier seinen

Ärger, seine Wut vom verletzten Herzen spielte – konzertreif und ohne Notenblatt.

Ein Konzentrat der Theologie Söhngens findet sich in seinem grandiosen Beitrag „Die Weisheit der Theologie durch den Weg der Wissenschaft" in „Mysterium Salutis" (Hrsg. Johannes Feiner u. Magnus Löhrer, Bd. I., 1965, S. 905–980).

Söhngen verfolgte mit innerer Erschütterung und Sorge den Weg der Mysterien Gottes als staunende, betende und anbetende Sapientia über die „kenosis" (Erniedrigung) des Gotteswortes im Menschenwort bis hin zur „scientia" (Wissenschaft) der sezierenden und analysierenden Theologie in dürftiger Zeit. Scharfsinnig und einprägsam sprach er von „der Herrschaftsstellung der dogmatisch-systematischen Theologie" und von „der Dienstmädchenstellung der historischen und exegetischen Theologie" (S. 961).

Für Gottlieb Söhngen war es „Gegenwarts- und Zukunftsaufgabe theologischer Arbeit, die nicht auf der Stelle tritt, sondern in Neuland vorstößt und verlorene Inseln wiederentdeckt" (S. 976). Er wies darauf hin, daß die sprudelnde „Weisheit Gottes" zum Rinnsal der Wissenschaft vertrocknet ist: Aus der Sapientia wurde die Scientia. Das Mysterium versickerte zum System.

Während der Debatten um Henri de Lubac und über die päpstliche Enzyklika „Humani generis" spürte man seine gebändigte Erregung. Er war zutiefst traurig, daß „die herrliche Freiheit der Kinder Gottes" (Röm 8,2) und die Verkündigung der Botschaft gefesselt waren. Man spürte, wo er stand und wie er litt. Er wollte seine Hörer nicht in eine antikirchliche Haltung, in einen antirömischen Affekt hineinreißen.

Bei aller wissenschaftlichen Präzision, die den Denk- und Schreibstil Gottlieb Söhngens kennzeichnete, litt er *an* seiner Kirche und *mit* seiner Kirche (Kol 1,24). Er wußte zu genau, daß es unverantwortliche Fehlansätze der wissenschaftlichen Theologie, vor allem in der Seelsorge und im schulischen Religionsunterricht gab. Aus Verantwortung und Sorge für die unverkürzte und kostbare Wahrheit mußte die päpstliche Enzyklika „Humani generis" erscheinen. Söhngen stand unter dem Wort des Neuen

Testaments: „Trage in der Kraft Gottes die Leiden für das Evangelium" (2 Tim 1,8). Sein Schüler Joseph Ratzinger hat in einer denkwürdigen Ansprache von der Kirchentreue und dem Leiden an der Kirche seines Meisters Söhngen gesprochen.

Das Dach seiner Theologie war weit gespannt. Sein biblisch-heilsgeschichtliches Denken zielte auf „die Einheit der Theologie" hin. Heute mehr denn je lesenswert und voller Anregungen ist der Band der gesammelten Abhandlungen, Aufsätze und Vorträge, die während des Krieges und der Nachkriegszeit in weitverstreuten Zeitschriften erschienen waren und von Gottlieb Söhngen unter dem Titel „Die Einheit der Theologie" (1952) veröffentlicht wurden. Um der Ehrlichkeit willen war ihm das Wort „Kontroverstheologie" für sein Fach lieber als „ökumenische Theologie". Er umkreiste immer wieder und immer tiefer das Anliegen der „analogia entis". Das Mysterium der Anwesenheit und Wirksamkeit des auferstandenen Christus zeigte er in verschiedenen Verwirklichungen auf. Sein Meisterschüler Joseph Ratzinger hat das einmal genannt: „zum Wirklichen durchbrechen, das hinter den Wörtern steht" und „Mut zum Abenteuer der Wahrheit" (Madrid 2000, veröffentlicht in: Die Tagespost vom 26. Februar 2000). Aus Ehrfurcht vor dem Mysterium führte Söhngens Weg als Priester hin zur Mysterientheologie von Odo Casel.

Als Gottlieb Söhngen am 15. November 1971 in München starb, fand am 19. November 1971 in seiner Geburtsstadt Köln das Requiem in der Pfarrkirche St. Agnes statt und anschließend die Beerdigung auf dem Kölner Friedhof Melaten. In Anwesenheit des fast blinden Alterzbischofs, Kardinal Josef Frings, feierte der Erzbischof von Köln, Kardinal Joseph Höffner, die Totenmesse. Die Gedenkworte in der Missa sprach der damals in Regensburg lehrende Prof. Dr. Joseph Ratzinger.

Sein Meisterschüler Joseph Ratzinger war prädestiniert, zu sagen, wer Gottlieb Söhngen war, welche Aufgabe der wissenschaftlichen Theologie gestellt ist, welche Sorgen ihn bis hinein in seine letzten Lebensjahre bedrängten. Wer wissen will, wer Söhngen war und was Söhngen für Ratzinger war und blieb, muß diese Gedenkworte lesen. Daraus die wichtigsten Passagen:

… In der Weite seines Denkens lag seine Größe und auch sein Schicksal. Denn wer so umfassend fragt, kann keine geschlossene Synthese vorlegen. Söhngen wußte das; er wußte, daß die Stunde der theologischen Summen noch nicht wieder geschlagen hat. Er wußte, daß er sich mit Fragmenten begnügen mußte. Aber er hat sich immer bemüht, das Ganze im Fragment zu schauen, die Fragmente vom Ganzen her zu denken und als Spiegelungen des Ganzen zu entwerfen.

Damit ist zugleich seine geistige Grundhaltung angedeutet: Söhngen war ein radikal und kritisch Fragender. Auch heute kann man nicht radikaler fragen, als er es getan hat. Aber zugleich war er ein radikal Glaubender. Was uns, seine Schüler, an ihm immer von neuem faszinierte, war eben die Einheit von beidem: Die Furchtlosigkeit, mit der er jede Frage stellte, und die Selbstverständlichkeit, mit der er dabei wußte, daß der Glaube von einem redlichen Suchen nach Erkenntnis nichts zu fürchten hat.

Deswegen schreckte ihn auch nicht, daß das Denken eines einzelnen oder einer ganzen Periode ratlos und hilflos, im Widerspruch bleiben kann. Er wußte, daß es nicht notwendig ist, gewaltsame Lösungen zu erpressen, wo sie ehrlich nicht zu finden sind … So war es für ihn auch klar, daß der Theologe nicht im eigenen Namen spricht, so sehr er sich selbst geben muß, sondern daß er für den Glauben der Kirche steht, den er nicht erfindet, sondern empfängt. Zutiefst kam die Furchtlosigkeit seines Fragens aus der Erkenntnis, daß wir nicht fragen können nach der Wahrheit, wenn sie nicht zuerst gefragt hätte nach uns; daß wir Wahrheit nicht suchen könnten, wenn wir nicht schon zuvor gefunden wären von ihr.

Ich glaube, daß sein Humor, das Unverkrampfte und Gelöste, das er in aller Anstrengung des Denkens behielt, damit zusammenhängt. Zugleich versteht sich von hier seine Kirchlichkeit, die bei aller Kritik nie in Frage stand. Vielleicht auch, weil sie so konkret war. Kirche war für ihn nicht irgendein fernes Abstraktum. Sie war ihm unmittelbar gegeben, in seinem Bischof, im Kardinal von Köln … Damit hängt schließlich eine weitere, sehr bezeichnende Eigenschaft Söhngens zusammen: die große Liebe zu seiner Vaterstadt Köln. Er hat es zeitlebens als besonderen Vorzug empfunden, in dieser Stadt mit ihrer uralten römischen und christlichen Kultur zu Hause zu sein. Seine Liebe zu Köln und seine Beziehung zur Kirche gingen eng ineinander. Das Köln, das er liebte, war eben das christliche Köln, durch dessen Bischof er sich hineingehalten wußte in die eine, heilige, katholische Kirche …

Nun ist er von uns gegangen. Die Richtung, die er gewiesen hat, bleibt. Und er selbst bleibt – in Gottes Händen.

Joseph Ratzinger in: Deutsche Tagespost vom 23. Dezember 1971

Ein Vierteljahrhundert später: ein Brief, den ich 1996 an den Lieblingsschüler Söhngens, Kurienkardinal Joseph Ratzinger nach Rom geschrieben habe:

Lieber Herr Kardinal!

Von zwei Schwesternexerzitienkursen hier im frisch verschneiten Eisenärzt darf ich Dir gerade am heutigen Tag einen ganz besonderen Gruß senden. Im Direktorium des heutigen Tages fand ich zum Memento eingetragen: Professor Gottlieb Söhngen, gestorben am 15. November 1971 – vor genau 25 Jahren!

Ich weiß, was Dir gerade unser unvergeßlicher Söhngen gewesen ist, und jeder, der damals wie Du und ich mit Spannung die Vorlesungen hören durfte, ist sicherlich bis zum heutigen Tag von der Persönlichkeit, der Theologie, dem theologischen Mut und der Kirchentreue dieses Lehrers geprägt worden. Wir haben bei ihm gelernt, wie Theologie als sapientia gelehrt und gelebt werden soll …

Gottlieb Söhngen war geprägt von der Gottesrede eines Augustinus und eines Bonaventura ebenso wie von dem Ringen eines Blaise Pascal und eines John Henry Newman. Sein „neues Lied" hat vor allem auch in Dir ein tiefes Echo erhalten, weil die Saiten Deiner Theologie und Deines Naturells in vielem mit den Saiten der Söhngen-Harfe gleichgestimmt waren – wenn ich nur an die Themen Deiner theologischen Promotion wie Deiner Habilitation erinnere. Söhngen wäre heute nötiger denn je …

Lieber Joseph,

Bei der heutigen Eucharistiefeier mit dem Exerzitienkurs der Mallersdorfer Schwestern habe ich nicht nur im Memento mortuorum unseres lieben Verstorbenen Gottlieb Söhngen gedacht; ich habe – was ich mit großer Freude und Ehrlichkeit Dir schreiben

darf – auch Deiner gedacht, denn ohne jede Übertreibung bist Du
der Lieblings- und Meisterschüler Söhngens gewesen, wie ich aus
seinem eigenen Munde es wiederholt hören durfte.

Lieber Herr Kardinal!
Der 25jährige Todestag von Gottlieb Söhngen hat mich zu diesem
Brief angeregt – er war und bleibt für uns beide ein großer Theologe,
der Horizonte geöffnet hat.
Gottes Segen und mein Gebet begleiten Dich auch weiterhin – vor
allem zu Deinem neuen Ja als Präfekt der Glaubenskongregation.
Aus Deiner bayerischen Heimat und Diözese grüßt Dich in steter
Verbundenheit!
Dein Alfred
ALFRED LÄPPLE: BRIEF VOM 15. NOVEMBER 1996

Hans Urs von Balthasar (1905–1988)

Der Theologe Hans Urs von Balthasar,
Mitbegründer der „Internationalen
katholischen Zeitschrift Communio"

Das theologische Trio, dessen Atmosphäre, Anliegen, Sorgen, Gegenwartsdeutungen und Zukunftsperspektiven der junge Theologieprofessor Dr. Joseph Ratziger nicht nur bejahte, sondern auch aufgriff und verteidigte, waren neben Henri de Lubac und Gottlieb Söhngen der Schweizer Theologe Hans Urs von Balthasar, den er persönlich kennenlernen konnte und bei dessen Begräbnis in Luzern er im Auftrag des Papstes die Gedenk- und Dankesworte sprach.

Im Jahr 1950, als Ratzinger als Diakon den Alumnatskurs im Priesterseminar in Freising begann (Priesterweihe am 29. Juni 1951), trennte sich Hans Urs von Balthasar (bereits 1936 in München durch den gleichen Bischof, Kardinal Michael von Faulhaber, zum Priester geweiht) vom Jesuitenorden. Er war erschüttert und enttäuscht von der „Wüste und Trostlosigkeit der Neuscholastik". Bereits 1946 hatte er geschrieben: „Das ganze Studium im Orden war ein verbissenes Ringen mit der Trostlosigkeit der Theologie, dem, was die Menschen aus der Herrlichkeit der Offenbarung gemacht haben." Bezeichnend ist seine Gegenüberstellung von „sitzender und knieender Theologie". Grundlegend war und bleibt sein Denkansatz, der jede Psychologie und Didaktik weit hinter sich läßt: „Bei der überraschenden Begegnung mit dem Du Christi muß alle Theologie ihren Anfang nehmen und in diese Begegnung hineinführen."

Ein Niederschlag seines theologischen und kirchlichen Ringens findet sich in seinem Buch über die Gottesfrage. Er widmete dieses Werk …

… den Gedemütigten unserer furchtbaren Zeit: den Gefolterten, Vergasten, Vivisezierten, in geschlossenen Viehwagen winters Erfrorenen, von den Stiefeln der Partei ins Antlitz Getretenen: den geflissentlich Vergessenen.
Hans Urs von Balthasar: Die Gottesfrage des heutigen Menschen, 1956, S. 7

Ein in der damaligen Nachkriegszeit erstaunliches und mutiges Bekenntnis eines Schweizers!

Die „innere Wahlverwandtschaft", die beide in dankbarer Freude erkannten und als Gottesauftrag verwirklichten, war ein Geschenk Gottes an den Älteren, Hans Urs von Balthasar, wie an den Jüngeren, Joseph Ratzinger. Bedrängt von der menschlichen und religiösen Not schrieb der Schweizer in seinem bereits genannten Buch (S. 205–207):

Tiere können einander lieben, ohne um Gott zu wissen … Es ist die Weltstunde angebrochen, in der Bruderliebe als Frage und als Wirklichkeit die Christen und Nichtchristen eint … Der Mensch muß am

*Menschen ersticken, wenn ihm in dieser ständigen Selbstbegegnung
kein anderer begegnet als immer einzig der Mensch.*

Weil am Ursprung christlichen Denkens und Glaubens die personale Christusbegegnung steht, erhebt Balthasar sein mahnen-
des Wort: „Die Kirche hat in der Welt nicht vor allem Propa-
ganda zu treiben, sondern vor allem zu beten und in der Liebe zu
bleiben" (S. 221). In solchen Äußerungen erlebte Ratzinger eine
wichtige Parallelität zu Ferdinand Ebner und Theodor Steinbüchel.

In gemeinsamer Verantwortung gründeten Ratzinger und
von Balthasar 1972 die „Internationale katholische Zeitschrift
Communio", in der beide viele und wichtige, anregende und
aufregende Beiträge veröffentlichten. Es galt, „zum Wirklichen
durchzubrechen, das hinter den Wörtern steht" (wie Kardinal
Ratzinger in Madrid 2000 es formulierte) und damit energisch
der linguistischen Wende (linguistic turn) und den Heilstheo-
rien des Relativismus entgegenzutreten.

Es darf als Vorsehung Gottes angesehen werden, daß bei der
Beerdigung des am 26. Juni 1988 in Basel verstorbenen Hans
Urs von Balthasar nicht nur als langjähriger Freund, sondern als
Vertreter von Papst Johannes Paul II. (1978–2005) Kardinal Jo-
seph Ratzinger sagte:

*Nur zögernd hat sich Balthasar der ihm zugedachten Ehrung durch
das Kardinalat geöffnet – nicht aus der Koketterie des großen Einzelnen, sondern aus dem ignatianischen Geist heraus, der sein Leben
prägte. Irgendwie scheint er bestätigt, durch den Ruf ins andere
Leben, der ihn am Vorabend der Ehrung erreichte. Er durfte ganz
er selber bleiben. Aber das, was der Papst mit dieser Geste der An-
erkennung, ja der Verehrung ausdrücken wollte, bleibt gültig: Nicht
bloß Einzelne und Private, sondern die Kirche in ihrer amtlichen
Verantwortung sagt es uns, daß er ein rechter Lehrer des Glaubens
ist, ein Wegweiser zu den Quellen lebendiger Wasser – ein Zeuge
des Wortes, von dem her wir Christus erlernen, von dem her wir das
Leben erlernen können.*

<small>JOSEPH CARDINAL RATZINGER AM 1. JULI 1988 IN LUZERN</small>

EREIGNISSE IM JAHR 1951

Historiker sprechen von guten, aber auch von schlechten Zeiten. Um 1920 schrieb Oswald Spengler (1880–1936) vom „Untergang des Abendlandes", während die bündische Jugend sang: „... mit uns zieht die neue Zeit."

Wir beten in unseren Anliegen zu Gott und sind unglücklich, wenn Gott unsere Bitten nicht erfüllt hat. Jahrzehnte später erkennen wir: Es war für mein Leben, meinen Glauben, meine Berufsentscheidung gut, daß Gott meine Wünsche nicht erfüllte.

Der schwäbische Dichter Eduard Mörike (1804–1875) hat Lebensweisheit und Gottvertrauen in einem kleinen Gebet aufklingen lassen:

Herr!
Schicke was Du willst,
ein Liebes oder Leides:
ich bin vergnügt, daß beides
aus Deinen Händen quillt.

Wollest mit Freuden
und wollest mit Leiden
mich nicht überschütten!
Doch in der Mitten
liegt holdes Bescheiden.

Erst rückblickend erkennt man, daß es Gott mit uns gut gemeint hat – mit Höhepunkten, aber auch mit Enttäuschungen und unerwarteten Problemen.

Vorlesungen in Praktischer Sakramentenlehre

Seit dem 1. August 1948 war ich durch das Vertrauen meines Erzbischofs Dozent im Priesterseminar Freising. Neben seelsorglichen Aufgaben im Dom (Eucharistiefeier, Predigten,

Beichtstuhl, Andachten, Trauungen) war mir die Neuordnung und Ergänzung der gut bestückten Manualbibliothek des Priesterseminars anvertraut. Meine wichtigste und schönste Aufgabe als Dozent (noch vor meiner Promotion!) war die in zwei Semestern zu haltende, dreistündige Vorlesung über Praktische Sakramentenlehre für den jeweiligen Alumnatskurs im sogenannten Liturgischen Hörsaal des Priesterseminars mit Blick zum Dom und Domhof.

Diese Aufgabe war mir so wichtig, daß zunächst mein Promotionsstudium an der Universität München etwas zurücktreten mußte. Jede Vorlesungsstunde mußte neu erarbeitet werden. Zur gediegenen Vorbereitung für eine Vorlesungsstunde benötigte ich ein mit meiner Schreibmaschine selbst getipptes Manuskript von etwa 15 Seiten – wöchentlich etwa 50 Seiten. In meiner Dozentenwohnung im Priesterseminar stauten sich Folianten, Bücherberge, neueste Zeitschriften.

Sehr bald verspürte ich das gute Echo meiner Vorlesungen beim freudigen Begrüßungsgetrampel zu Beginn der Vorlesungen, die stets mit einem Gebet eingeleitet wurden. Durch den engen und ständigen Kontakt mit den Alumnen in der Hauskapelle, im Speisesaal und bei Spaziergängen ergaben sich immer wieder Gelegenheiten zum Gespräch und zu Diskussionen über die Vorlesung.

1950/1951 saß vor mir im Liturgischen Hörsaal des Freisinger Priesterseminars der über 40 Theologen zählende Alumnatskurs, darunter das Brüderpaar Ratzinger. Meine Vorlesungen setzten die universitären Vorlesungen über Dogmatische Sakramentenlehre voraus. Sie dienten dem Brückenschlag von der Wissenschaft zur Seelsorge. Sie sollten bei der Verkündigung (in Predigt und im schulischen Religionsunterricht) wie bei der Vorbereitung und Spendung der Sakramente etwa für das Ehegespräch vor der Trauung, für den Zuspruch im Beichtstuhl oder bei der Spendung der Krankensalbung hilfreich sein. Meine Hörer waren alle bereits Diakone und schauten mit großer Freude auf den Tag ihrer Priesterweihe.

Im Briefwechsel mit Joseph Ratzinger, der 1952 mein Nachfolger als Dozent geworden war, haben wir oft und oft auf unsere

Dozententätigkeit im Freisinger Priesterseminar zurückgeschaut. 1995, wiederum mitten aus den Exerzitien für Mallersdorfer Schwestern in Eisenärzt, schrieb ich:

... ich frage mich mehr und mehr, was wird heute in den theologischen Vorlesungen, auch im Priesterseminar, gesagt oder ausgeklammert! Ich bin Dir, lieber Freund, überaus dankbar, daß Du Dich auch in der heiklen Frage der Theologischen Fakultäten und ihrer Beziehung zu den Priesterseminaren eingemischt hast. Es ist schlimm und sicherlich eine Wurzel so mancher Misere, daß das Priesterseminar zum Hotel Garni als bloße Verpflegungs- und Schlafstation verkommt! Ich bin mehr und mehr der festen Überzeugung, daß so manche frühere Aufteilung der Vorlesungen an der Universität und wiederum im Priesterseminar überaus gut war. Wir beide durften ja selbst erleben, wie sehr gerade Pastoral, Liturgie und Katechetik einschließlich der pastoralen Sakramententheologie in unseren Vorlesungen als „Dozenten" im Priesterseminar in Freising den Brückenschlag von der wissenschaftlichen Theologie zur Seelsorgspraxis vollbringen und gerade deshalb einen legitimen Platz im Priesterseminar haben. Man reduziert die theologisch-seelsorgliche Kompetenz der Verantwortlichen in den Priesterseminaren, wenn diese nur noch für den äußeren Ablauf der Seminarordnung verantwortlich sein sollen.
ALFRED LÄPPLE: BRIEF VOM 24. NOVEMBER 1995

Doktoratsstudium (1948–1951)

Neben meiner Tätigkeit als Dozent im Freisinger Priesterseminar wie auch als Seelsorger im Freisinger Dom war mir von meiner kirchlichen Obrigkeit die Aufgabe gestellt, die theologische Promotion an der Universität München zu erreichen.

Zweimal wöchentlich fuhr ich zu den Vorlesungen der Theologischen Fakultät der Universität München. Wegen der Kriegszerstörungen mußte die Theologische Fakultät wie auch das Georgianum ein Ausweichquartier suchen. Sie fand eine geradezu familiäre und idyllische Heimat im „Gewächshaus" in Fürstenried bei München, umgeben von einem einzigartigen Park.

Bei diesen Vorlesungen in Fürstenried (und ab 1949 in den Hörsälen der Münchener Universität an der Ludwigsstraße) traf ich in der Zeit zwischen 1948 und 1950 immer wieder Joseph Ratzinger. Wir waren fasziniert von zwei Professoren – dem Neutestamentler Friedrich Wilhelm Maier und dem Fundamentaltheologen Gottlieb Söhngen. Beide dozierten in vorkonziliarer Zeit. Beide aber setzten deutliche und bleibende Akzente der konziliaren Theologie. Was später als neue Theologie, neue Exegese, neue Liturgie angepriesen wurde, war in uns bereits geläutert und ausgereift lebendig.

Ratzingers Priesterweihe am 29. Juni 1951

Mächtig und feierlich läutete die Korbiniansglocke vom Turm, als am 29. Juni 1951 im überfüllten Dom von Freising 44 Diakone einzogen, um aus der Hand des Erzbischofs von München und Freising, Kardinal Michael von Faulhaber, das Sakrament der Priesterweihe zu empfangen (damals sprach niemand von Ordination!). Unter den Weihekandidaten waren auch die Brüder Georg und Joseph Ratzinger. Das unverzichtbare Zeichen und Wesenselement des Weihesakraments ist die Handauflegung (episcopi manuum impositio) in Verbindung mit der gesprochenen „oratio consecrationis" (Weihegebet). Während der Weihezeremonie wurde es still im ganzen Dom, als Kardinal Faulhaber jedem Weihekandidaten die Hände auflegte. Ihm folgten viele Priester, die es dem Weihespender gleich taten. So legte auch ich dem Freund Joseph still und mit einem gelinden Nachdruck meine beiden Hände auf, so daß er kurz aufschaute und mich erkannte.

Unmittelbar nach der Priesterweihe begegnete ich im Priesterseminar seinen Eltern wie seiner Schwester Maria und beglückwünschte sie zu dem seltenen Ereignis der beiden Söhne. Nach der am Nachmittag gesungenen lateinischen Vesper im Dom kam Primiziant Joseph in meine Dozentenwohnung (im zweiten Stock des Freisinger Priesterseminars). Ich kniete vor ihm nie-

Erinnerungsbild an die Priesterweihe von 44 Neupriestern. Vierte Reihe, Mitte links: Joseph Ratzinger; erste Reihe, ganz rechts: Georg Ratzinger; letzte Reihe: der Seminarvorstand mit Alfred Läpple (zweiter von links)

der und bat um seinen Primizsegen: „Per extensionem manuum mearum ... – Durch die Ausbreitung meiner Hände ..." (alter

Primizsegen für Priester). Dann verabschiedeten wir uns. Keiner von uns beiden konnte wissen, daß nur ein Jahr später Ratzinger wieder in dieses Zimmer zurückkehren wird, denn er wurde 1952 mein Nachfolger als Dozent im Priesterseminar Freising.

In Traunstein wurden am gleichen Tag drei Primizianten festlich empfangen: Rupert Berger, der spätere Liturgiker, Georg Ratzinger, der spätere Domkapellmeister von Regensburg, Joseph Ratzinger, der spätere Papst Benedikt XVI.

Die beiden Ratzinger-Brüder hielten am Sonntag, 8. Juli 1951 in der Traunsteiner Pfarrkirche St. Oswald ihre Primizmesse in lateinischer Sprache. Selbst für ein Brüderpaar war damals Konzelebration nicht erlaubt. Um 7 Uhr feierte der jüngere Bruder Joseph die sogenannte Jugendmesse als seine Primizmesse. Gesungen wurde die Christ-König-Messe (1935) von Joseph Haas. Die Primizpredigt hielt der Traunsteiner Stadtpfarrer Georg Els. Um 9 Uhr feierte der ältere Bruder Georg den Pfarrgottesdienst als seine Primizmesse, dabei wurde, um Gott und den musikalischen Primizianten zu ehren, die Nelsonmesse (1798) von Joseph Haydn gesungen, dirigiert von Chordirektor Dr. Andreas Hogger. Die Primizpredigt hielt Dr. Hubert Pöhlein.

Promotion am 2. Juli 1951

Zwischen der Priesterweihe meines Freundes Joseph Ratzinger und seiner Primiz am 8. Juli 1951 fiel der Schlußabschnitt meiner theologischen Promotion an der Universität München. Gemäß der damaligen Promotionsordnung mußten nach der Ablieferung der Promotionsschrift und ihrer positiven Beurteilung durch zwei Fachreferenten (Richard Egenter und Michael Schmaus) in einem Abstand von einem halben Jahr jeweils vier Fachdisziplinen mit einer schriftlichen Arbeit wie mit einer mündlichen Prüfung bei dem jeweiligen Fachreferenten positiv abgelegt werden. Dann erst erfolgte der Schlußakt der theologischen Promotion.

Mit Joseph Ratzinger hatte ich in vielen Diskussionen und auf Spaziergängen im Freisinger Raum über mein Newman-Thema gesprochen und manches auf seinen Vorschlag hin verbessert.

Noch vor seiner Priesterweihe mußten die lateinischen Thesen aller theologischen Fachrichtungen spätestens Ende Mai 1951 dem Dekan der theologischen Fakultät übergeben werden. Obwohl der Diakon Ratzinger sich sehr genau auf die Weiheexerzitien und die Priesterweihe vorbereitete, nahm er sich Zeit, sehr viel Zeit, mit mir und für mich aktuelle Thesen auszusuchen und meine lateinische Übersetzung in ein klassisches Latein zu erheben. Meine insgesamt 30 Thesen in bestem Latein waren daher ein letztes gemeinsames Werk.

Unter den Münchener Professoren gab es, wie Joseph Ratzinger in seinem Buch „Aus meinem Leben" aufzeigt, im Vorfeld wie im Nachklang der Dogmatisierung der leiblichen Aufnahme Marias in den Himmel durch Papst Pius XII. am 1. November 1950 über die Belegstellen aus der Heiligen Schrift wie aus der Väterliteratur erbitterte Diskussionen. Bis hinein in katholische Kirchenzeitungen wurden diese Fragen auch dem einfachen Christenvolk vorgelegt: Ist das Dogma hinfällig, wenn in Ephesus oder in Jerusalem Reliquien Marias gefunden werden?

Nachdem ich noch um 10 Uhr bei Dekan Michael Schmaus, der damals im Georgianum wohnte, zum Frühstück eingeladen war und von ihm zu einem harten Gefecht ermuntert wurde, begann am 2. Juli 1951 genau 11 Uhr im Kleinen Auditorium der Universität München die Disputatio publica unter Dekan Schmaus und unter Vorsitz des Rektors Walther Gerlach.

Sehr bald hat Dogmatikprofessor Schmaus die ihn besonders berührende These 2 der dogmatischen Themen aufgegriffen. Was als ruhiges Gespräch begann, wurde ein dramatischer Disput. Im Anschluß an den Promotionsakt wurde ich in den Räumen des Rektorats von Rektor Walther Gerlach begrüßt. Ihn habe als Atomforscher das Thema der Auferstehung und die Umwandlung der diesseitigen Materie in einen neuen Himmel außerordentlich interessiert. Er fügte hinzu, ich hätte mich in der Thesenverteidigung mit dem Kollegen Schmaus hervorragend geschlagen.

Niemand wußte damals, welche Rolle Walther Gerlach (1889–1979) während der NS-Zeit in der Nuklearforschung gespielt hatte. Der Münchener Physiker war Ende 1943 durch Reichsmarschall Hermann Göring zum Bevollmächtigten für Kern-

physik (und Uranforschung) ernannt worden. Die später von
der US-Army beschlagnahmten Dokumente des NS-Atomfor-
schungsprogramms aus den Jahren 1938 bis 1945 befinden sich
seit 1989 im Deutschen Museum in München (Vgl. dazu Rai-
ner Karlsch: Hitlers Bombe, 2005). Als Rektor (1948–1951) hat
Gerlach mein Doktor-Diplom unterzeichnet.

Bei der nächstmöglichen Gelegenheit berichtete ich Freund
Ratzinger von diesem geistig-geistlichen Gefecht mit Professor
Schmaus. Auch Joseph Ratzinger hatte wenige Jahre später ebenfalls wissenschaftliche Schwierigkeiten mit Professor Schmaus,
wie er in seinen Erinnerungen (S. 83 ff.) schreibt. Schmaus hatte
den ersten Entwurf seiner Habilitationsarbeit über Bonaventura
(1217–1274) mit der Begründung abgelehnt, der Offenbarungs-
begriff der Arbeit stehe in gefährlicher Nähe zum Modernismus. Schmaus war Korreferent, Gottlieb Söhngen der Referent,
Ratzinger dessen Meisterschüler.

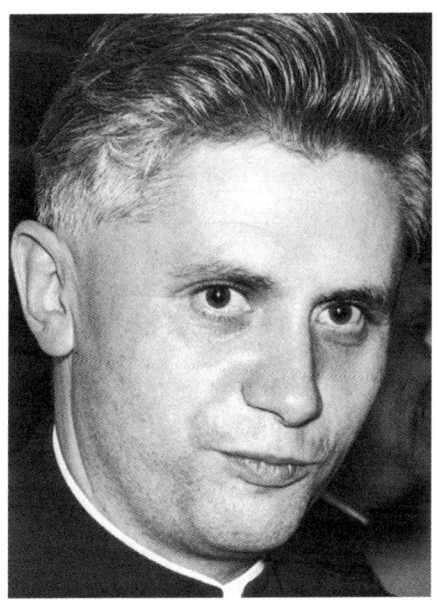

Dr. Joseph Ratzinger, von 1952 an Nachfolger
Alfred Läpples als Dozent in Freising

Über die für den 21. Februar 1957 anberaumte und von mir
miterlebte Habilitationsvorlesung schreibt Ratzinger:

... eine merkwürdige Spannung lag fast physisch greifbar in der Luft. Nach
meinem Vortrag hatten Referent und Korreferent das Wort zu ergreifen.
Bald wurde aus der Diskussion mit mir ein leidenschaftlicher Disput mit-
einander. Sie wandten sich dem Auditorium zu und dozierten in dieses
hinein; ich stand im Hintergrund, ohne noch gebraucht zu werden ... ganz
formlos wurde mir mitgeteilt, daß ich bestanden habe und habilitiert sei.
Joseph Cardinal Ratzinger: Aus meinem Leben, 1998, S. 88

Wir beide, Ratzinger und ich, hatten also unsere – durchaus
unterschiedlichen – Probleme mit Michael Schmaus. Der eine
1951, der andere 1957. Jeder von uns beiden hat sich mit dem
dogmatischen Urgestein Michael Schmaus ausgesöhnt und wissenschaftlich wie menschlich bestens verstanden.

ERSTES WIRKEN
IN DER HEIMATDIÖZESE

Kurze Zeit nach meiner theologischen Promotion an der Universität München am 2. Juli 1951 konnte ich durch den damaligen Sekretär Johannes Waxenberger, der meinem Weihekurs 1947 angehörte, mit Kardinal Faulhaber meine weitere priesterliche und wissenschaftliche Laufbahn ausführlich besprechen.

Ich wollte nach meiner Promotion und vor meiner Habilitation in Religionspädagogik ein längeres Praktikum im gymnasialen Religionsunterricht einschalten. Eine erste Klärung gab Faulhabers Wort, ich solle in der wissenschaftlichen Laufbahn bleiben. Er bat mich, noch ein Jahr im Freisinger Priesterseminar zu bleiben und die Vorlesung über praktische Sakramentenlehre für den Weihejahrgang bis 1952 zu halten.

Kardinal Faulhaber legte mir darauf eindringlich die Frage vor: Wer könnte in einem Jahr in meinem Sinne als Dozent die Ar-

Der Schreibtisch im Dozentenzimmer des Priesterseminars Freising,
wo die Doktorarbeiten Alfred Läpples und Joseph Ratzingers entstanden.

beit übernehmen? Könnten Sie mir einen Namen vorschlagen? Er fügte hinzu: In etwa zwei Wochen werde ich Sie von München aus im Priesterseminar anrufen. Ohne zu zögern gab ich meine Antwort: „Herr Kardinal! Dazu brauche ich keine zwei Wochen. Als meinen Nachfolger schlage ich Ihnen vor – Joseph Ratzinger."

Kaplan in München-Bogenhausen

Mein erster Seelsorgseinsatz sollte dann in München-Bogenhausen sein. Aber zunächst galt es, in Moosach auszuhelfen. Der Pfarrer war krank, der Kaplan unerreichbar im Urlaub, ebenso Pfarrschwester und Mesner. In diesen vier Wochen ist nahezu alles passiert, was einem Seelsorger an kirchenrechtlichen Problemen begegnen kann.
AUS: KARDINAL RATZINGER. DER ERZBISCHOF VON MÜNCHEN UND FREISING IN WORT UND BILD, 1977, S. 65

Nach seiner Priesterweihe und Primiz war Joseph Ratzinger seit dem 1. August 1951 Kaplan in der Pfarrei Heilig Blut in München-Bogenhausen. Dort begegnete ihm Max Blumschein (1884–1965), ein gütiger, tieffrommer, arbeitsamer und glaubwürdiger Stadtpfarrer, wie Ratzinger in seinem Buch „Aus meinem Leben" (S. 73–75) schreibt. Neben der Arbeit mit verschiedenen Gruppen der katholischen Jugend, die vom damaligen Münchener Stadtjugendführer Rudi Seitz einzigartig mit Vorträgen und Zeitschriften versorgt wurden, hatte Kaplan Ratzinger noch sechzehn Religionsstunden pro Woche in der benachbarten Volksschule zu halten. Eine gewaltige Arbeitslast, vor allem für einen katechetischen Anfänger!

Diese Münchener Pfarrei im Stadtteil Bogenhausen hält bis heute eine schreckliche Erinnerung wach: Hier in Heilig Blut hatte begonnen, was für zwei Priester, die hier wirkten, zum Märtyrertod geführt hat. Im Pfarrhaus wirkte Kaplan Hermann Joseph Wehrle. Er war erst am 7. April 1942 von Kardinal Faulhaber zum Priester geweiht worden. Am 14. September 1944 wurde er in Berlin-Plötzensee durch den Strang hingerichtet.

Nach der Feier der heiligen Messe in der St. Georgskirche wurde am 28. Juli 1944 Kirchenrektor und Jesuitenpater Alfred Delp verhaftet und am 11. Januar 1945 wegen seiner Mitarbeit im „Kreisauer Kreis" von Roland Freisler zum Tod verurteilt: „eine Ratte, die man zertreten solle". Am 2. Februar 1945 um 15.23 Uhr wurde er in Berlin-Plötzensee an einem Fleischerhaken stranguliert.

Stadtpfarrer Max Blumschein hat beide Verhaftungen in München-Bogenhausen erlebt. So ging Kaplan Joseph Ratzinger auf vielen Seelsorgswegen, die gesegnet waren mit Märtyrerblut.

Dozent im Priesterseminar Freising

Über das 1951 von mir geführte Gespräch mit Kardinal Faulhaber habe ich Kaplan Joseph Ratzinger nicht informiert, denn ich war mir nicht sicher, ob nicht Kardinal Faulhaber in Absprache mit dem Domkapitel eine andere Lösung bevorzugte. Ich selbst begann zum 1. September 1952 an der Pasinger Oberrealschule meinen Dienst als Studienrat. Aus meinem gewünschten Schulpraktikum ist bis Herbst 1970 eine 18jährige Wirksamkeit als Religionslehrer und als Studienleiter der Studienreferendare am Max-Planck-Gymnasium in München-Pasing geworden.

Für Kaplan Ratzinger kam seine Berufung als Dozent in das Freisinger Priesterseminar zum 1. Oktober 1952 überraschend. Über seine damaligen Überlegungen schreibt er:

Einerseits war dies die Lösung, die ich mir gewünscht hatte, um wieder zu meiner geliebten theologischen Arbeit zurückkehren zu können. Andererseits habe ich vor allem im ersten Jahr sehr unter dem Verlust der von der Seelsorge geschenkten Fülle menschlicher Beziehungen und Erfahrungen gelitten, so daß ich zu zweifeln begann, ob ich nicht doch besser hätte in der Pfarrseelsorge bleiben sollen.
Joseph Cardinal Ratzinger: Aus meinem Leben, 1998, S. 75–76

Als Dozent war Joseph Ratzinger der Jüngste in der Vorstandschaft des Freisinger Priesterseminars, die eine geradezu ideale, familiäre und hilfreiche Gemeinschaft unterschiedlicher Lebensjahre und Seelsorgserfahrungen war. Zu nennen ist in erster Linie jener bereits erwähnte Regens Dr. Michael Höck, der in Sachsenhausen und Dachau im KZ gewesen war. Die schrecklichen Erlebnisse hatten ihn gütiger, menschlicher und einfühlsamer gemacht, so daß er mit Recht von allen Seminaristen „der Vater" genannt wurde. Ein erfahrener Seelsorger und gern aufgesuchter Beichtvater im Priesterseminar war der Augustinerpater Gabriel Schlachter.

Für die Vorstandschaft und für alle Theologiestudenten, vor allem für die Neuanfänger, war der aus altbayerischem Adelsgeschlecht stammende Graf Franz von Tattenbach, der 1950 bis 1953 weitaus mehr als der Spiritual im Freisinger Priesterseminar war, ein Glücksfall. Er machte aus seinem „blauen Blut" als Adeliger kein Aufsehen. Bei ihm konnte man sich in allen Nöten aussprechen. Er hatte immer Zeit. Er war nie nervös und eilig.

Nur einzelne wußten, daß dieser Jesuitenpater eine schwierige Mission zu erfüllen gehabt hatte, die ihm auf Grund seiner Beziehungen meisterhaft gelang. Er hatte nämlich im Gefängnis von Berlin-Tegel Zugang zu seinem Mitbruder, dem Todeskandidaten Alfred Delp, gehabt und diesem die letzten Ordensgelübde als Jesuit abnehmen können. Delp war angeklagt wegen seiner Mitwirkung im Kreisauer Kreis und wegen seiner Kontakte zum Hitlerattentäter Graf von Stauffenberg. Pater Alfred Delp wurde am 2. Februar 1945 hingerichtet.

Einige Worte von Alfred Delp sind mir und vielen Nachkriegspriestern in Erinnerung geblieben. Sie wurden von uns oft und oft meditiert und blieben dauerhafte Impulse unseres priesterlichen Lebens und Wirkens.

Brot ist wichtig. Freiheit ist wichtiger. Am wichtigsten aber ist die ungebrochene Treue und die unverratene Anbetung.

Die Geburtsstunde der menschlichen Freiheit ist die Stunde der Begegnung mit Gott.

Die Freude am Menschenleben hat mit Gott zu tun.

In die Begriffsbestiummung des Menschen gehört – Gott.

*Das gebeugte Knie und die hingehaltenen leeren Hände sind die
beiden Urgebärden des freien Menschen.*

Pater Franz Graf von Tattenbach hat später in Costa Rica (1974)
und in Guatemala (1978) ein einzigartiges Erwachsenenbil-
dungszentrum, unterstützt von Radiostationen, gegründet, das
von einem Tattenbach-Freundeskreis finanziert wurde. Er starb
am 11. August 1992.

Zur Vorstandschaft wie zum Leben im Priesterseminar Freising gehörte die Nichte des Regens, Barbara Höck, stets „Wetti"
genannt. Sie hatte bereits ihren Onkel aus Inzell im Konzentrationslager Dachau mit Nachrichten und Lebensmitteln versorgt.
Wetti war wirklich „die Perle" des Seminars, die mit Humor und
Selbstlosigkeit diente. Sie war für ihren Onkel da und sorgte
für das gute und familiäre Klima. Der Onkel war seit 1945 ihre
einzige und bleibende Lebensaufgabe. War er krank, hat sie ihn
gepflegt. War er niedergeschlagen oder enttäuscht, hat sie ihn
getröstet und ermutigt. Ihr Onkel hat einmal gesagt: „Der Wetti
müßte man ein Denkmal setzen."

In diesem geistig und pastoral interessierten Kreis lebte und
wirkte der neue Dozent Joseph Ratzinger. Neben seiner Vorlesungsreihe über Praktische Sakramentenlehre und seinen seelsorglichen Aufgaben im Freisinger Dom arbeitete er an seiner
von Gottlieb Söhngen gegebenen Promotionsschrift „Volk und
Haus Gottes in Augustins Lehre von der Kirche" (1954). Am
gleichen Schreibtisch in der Dozentenwohnung im Freisinger
Priesterseminar, wo ich saß, war er bei dieser wissenschaftlichen
Arbeit (wie auch bei der Erarbeitung der dreistündigen Vorlesung über Praktische Sakramentenlehre und an seinen Predigten
im Freisinger Dom wie in der Hauskapelle des Priesterseminars)
am Werk. Im Juli 1953 hatte Joseph Ratzinger das gesamte Pro-
motionsverfahren einschließlich der „Disputatio publica" abgeschlossen: Dr. theol. Joseph Ratzinger.

Nach seiner Wirksamkeit als Dozent im Priesterseminar in
Freising (1952–1954) und als außerordentlicher Professor für

Prof. Dr. Joseph Ratzinger wird am 25. März 1977
Erzbischof von München und Freising

Dogmatik und Fundamentaltheologie an der Philosophisch-
Theologischen Hochschule in Freising (1954–1958) war Theo-
logieprofessor Dr. Joseph Ratzinger auf einer großen Reise in
Deutschland: in Bonn (1959–1963), in Münster (1963–1966),

in Tübingen (1966–1969) als Nachfolger von Leo Scheffczyk (1959–1965) und in Regensburg (1969–1977).

Überraschend starb am 24. Juli 1976 der Münchener Erzbischof, Kardinal Julius Döpfner. Wer wird sein Nachfolger – als 72. Nachfolger des Gründerbischofs Korbinian? In einem Artikel „Döpfner-Nachfolge – Domkapitel benennt Kandidaten" (Münchner Merkur vom 4./5. September 1976) wurden viele Namen genannt, die damals im Gespräch waren: Joseph Ratzinger, Karl Forster, Alfred Läpple, Friedrich Fahr, Josef Maß, Gerhard Gruber. Nach 25 Jahren Lehrtätigkeit an deutschen Universitäten wurde durch Urkunde von Papst Paul VI. vom 25. März 1977 Dr. Joseph Ratzinger zum neuen Erzbischof von München und Freising ernannt.

Damit knüpfte er an sein früheres Wirken in seiner Heimatdiözese München und Freising an: als Kaplan in München-Bogenhausen (1951–1952), als Dozent im Priesterseminar in Freising (1952–1954) und als Professor der Philosophisch-Theologischen Hochschule in Freising (1954–1958).

Adventsingen im
Priesterseminar Freising

D as Priesterseminar der Nachkriegszeit war – nach Kriegseinsatz und Kriegsgefangenschaft – eine Insel der Ruhe
und der Freude des Studiums. Nur schwer waren Kriegserlebnisse zu verbinden mit der Begriffswelt der neuscholastischen
Theologie, wenn etwa die heiligmachende Gnade als accidens
physicum doziert wurde, oder wenn Moraltheologie nicht wie
bei Theodor Steinbüchel als Nachfolge Jesu, sondern als Beicht-
väterkasuistik im Stil eines Heribert Jone angeboten wurde.

Unter den Kriegsheimkehrern gab es ein gegenseitig stimulie-
rendes Ringen – eine existentielle Theologie, in der Sören Kierkegaard stärker gehört wurde als Thomas von Aquin. Das Wort
„Spiritualität" war damals noch nicht erfunden.

Franz Niegel, ein Theologiestudent aus dem Berchtesgadener
Raum, hatte nicht nur eine Gitarre mitgebracht. Er verstand es,
seine Mitbrüder für Volkslied und Volksmusik zu begeistern.
Auch Regens Dr. Michael Höck und Spiritual Franz Graf von
Tattenbach noch mehr waren angetan von dieser starken emo-
tionalen Welle als Ergänzung und Vertiefung einer nüchternen
Begriffstheologie.

Annette Thoma (1886–1974), die unserem Volk und dem
christlichen Glauben die „Deutsche Bauernmesse" mit dem berühmten Andachtsjodler (der nach der Wandlung in der Eucharistiefeier gesungen wird; Erstaufführung am 29. Juni 1933 im
Kirchlein von Bad Kreuth) und „Die kleine Messe" (1972) geschenkt hat, berichtete in ihrem kostbaren Buch „Bei uns" (1974,
S. 189–199) vom „Dombergsingen" im Priesterseminar Freising.

Sinn und Bedeutung des Adventsingens

Fast gleichzeitig zum Salzburger Adventsingen durch Tobi Reiser (1907–1974, „Erfinder" der „Stubnmusik", ab 1946 Salzbur-

ger Adventsingen) kam es zum ersten Adventsingen mit vielen Sänger- und Instrumentalgruppen im Roten Saal des Freisinger Priesterseminars am 15. Dezember 1951. Als Dozent des Alumnatskurses durfte ich zum theologischen Sinn des adventlichen Singens sprechen:

Die Adventsbräuche der christlichen Jahrhunderte bergen in sich vielfach noch ältere, kostbare Reste eines vorchristlichen Brauchtums, das die Wochen der Wintersonnwende belebte. Wir dürfen in diesen Bräuchen Bruchstücke jener heilsgeschichtlichen Adventserwartung sehen, die dunkel und in die kosmischen Mythen verhüllt in unseren germanischen Vorfahren lebte! ... In den Wintersonnwendbräuchen unserer Vorfahren dürfen wir wahrhaftig Markierungen des Weges sehen, den unsere Vorfahren aus der Dunkelheit und Verworrenheit ihrer Gläubigkeit dem Licht, dem Heiland, entgegengingen. Die Wintersonnwendbräuche gehören jener Zeit an, da nicht nur in Palästina und im antiken Raum, sondern auch im germanischen Norden ein allgemeines Sehnen nach dem Wender der Not drängend wurde. Wie in den Gesängen und Liedern des Alten Testaments, wie in den griechischen Tragödien und in der 4. Ekloge eines Vergil, so wird auch in den Bräuchen der germanischen Wintersonnwende ein Sehnsuchtsschrei hörbar: der Sehnsuchtsschrei nach dem Wender der Not, nach dem Wender des Dunkels, nach dem Retter aus Gottferne und Dämonenmacht.
Es ist wahrhaftig nicht zuviel gesagt, wenn man in den germanischen Wintersonnwendbräuchen kostbare Reliquien der Adventserwartung unserer Vorfahren sieht. Lärmzauber und Vegetationszauber wollen zutiefst Raum schaffen für das Gute, für das Licht, für das Leben. Es soll das Böse – besser der Böse, durch Lärm aufgescheucht und vertrieben werden. Man will durch die unheilige und unheimliche Dunkelheit als Aufenthaltsort des Bösen und Dämonischen hindurchschreiten. Sehen wir in den germanischen Wintersonnwendbräuchen mehr als nur irgendeinen heidnischen Brauch! Sehen wir auch in ihm jene „anima naturaliter christiana", von der Tertullian spricht. In diesen Mythen und Bräuchen können wir behutsam und mit scheuer Ehrfurcht jenen seltsamen Adventsweg nachgehen, den unsere Vorfahren tastend und vielfach mit verbundenen Augen dem Heiland, dem Christ als Notwender entge-

Annette Thoma,
Herz der bayerischen Volksmusik

gengingen. Sie suchten das „Mysterium iniquitatis" (Geheimnis der
Bosheit) zu durchschreiten, um dem „Mysterium luminis et vitae"
(Geheimnis des Lichts und des Lebens) zu begegnen. Im vorchrist-
lichen Brauchtum, das zutiefst aus der religiösen Wurzel gewachsen
ist und gestaltgewordene Liturgie der Naturreligion ist, drückt sich
echteste, heilsgeschichtliche Adventserwartung aus. Die christlichen
Kirchenväter betonen nicht selten, daß Christus der wahre Odys-
seus, der wahre Apoll ist. Hätten sie den germanischen Raum und
die nordische Naturreligion gekannt, hätten sie gewiß in Christus
auch den wahren Baldur erblickt. In Christus mündet nicht nur die
personalistische, heilsgeschichtliche Erwartung, sondern auch die
mythisch-kosmische Bewegung ein.
Aus dem Geheimnis der unheiligen und von Dämonen belebten und
unsicheren Nacht wächst das Geheimnis der heiligen, der seligen, der
sicheren Nacht. So wird der Böse, dessen Kampffeld die Nacht ist, ge-
rade auch in der Nacht besiegt. Auf dieses Ereignis der heiligen Nacht
laufen unsichtbar alle Adventswege der Völker hin, die Adventswege
des jüdischen Volkes, ebenso wie die Adventswege des griechischen und
römischen Volkes. In Bethlehem münden die Adventswege der germa-

107

nischen Stämme und all der Menschen, die guten Willens sind. Die
Krippe von Bethlehem ist die Erfüllung der Adventserwartung der
ganzen Menschheit. Was naturhaft vorgebildet war, was eingehüllt,
verborgen und vielleicht auch unerkannt war in einem naturhaften,
kosmischen Mythus ... das hat sich als einmaliges Heilsereignis in
Raum und Zeit verwirklicht – im Kommen des Erlösers, in der Epi-
phanie Christi zu Bethlehem. Der Naturmythus streifte gleichsam
seine Verhüllung ab, da in der Person Christi die Enthüllung und das
Ziel des mythischen Adventsweges sichtbar wurde.

Wie seltsam ist es doch, daß heute mit der Sommersonnwende, da die
Tage kürzer werden, das Fest jenes Heiligen, des Täufers Johannes,
sich verbindet, der von sich sagte: „Ich muß abnehmen, ER aber muß
wachsen!" (Joh 3,30). Wie seltsam sind die Mythen der Sonnwend-
zeit aber gerade zur Wintersonnwende in Erfüllung gegangen, da
mit den längerwerdenden Tagen das Geburtsfest Christi gefeiert
wird. „ER muß wachsen!" Christus möge hereinwachsen in unser
Volk, „crescere in plebem suam" und Raum und Platz gewinnen in
jedem einzelnen von uns.

Alfred Läpple am 15. Dezember 1951 in Freising

Impulse des Freisinger Dombergsingens

Seit 1951 (bis 1961) gab es im Priesterseminar Freising ein jähr
liches Adventsingen. Die theologische Jugend lernte dadurch
nicht nur die Weisen, die Singart der Volksmusik kennen, sondern auch deren Instrumente – Zither, Gitarre, Hackbrett, Flöte,
Klarinette, Baßgeige, Okarina und Maultrommel.

Nicht wenige Theologiestudenten haben neben ihren Vorlesungen ganz für sich in einem Einzelzimmer das Gitarrenspiel gelernt. Viele hatten bei ihrer Primiz den Wunsch, eine Gitarre für
die katholische Jugendarbeit zu erhalten. Dadurch sind nach dem
Zweiten Weltkrieg viele Priestergenerationen zu Wegbereitern
der Volksmusik und gleichzeitig zu musizierenden Kaplänen geworden, die mit ihrer Gitarre in die Religionsstunden der Schulen
wie auch in die Jugendgruppen der Pfarreien gegangen sind.

Die Freisinger Theologiestudenten lernten den Kiem Pauli (1882–1960) kennen und Annette Thoma. Die meisten Musikgruppen von Oberbayern, Schwaben und aus dem Salzburgischen, die später durch Funk und Fernsehen berühmt werden sollten, hatten ihre ersten Auftritte im Roten Saal des Priesterseminars Freising. Man hörte begeistert und vielbeklatscht die Vorträge und Jodler, die der Kiem Pauli, die Waakirchner Sänger, Tobi Reiser oder Wastl Fanderl vorgetragen haben. Man verspürte Zusammenklang und Einheit von Glaube und Heimat. Es war ein befreiendes und frohmachendes Singen, ganz anderes als der dressierte Mythos von Blut und Boden oder die Marschgesänge der Uniformierten während des Dritten Reiches.

Ganz selbstverständlich war damals der feine und letztlich doch gewaltige Unterschied zwischen Volksmusik und Schlager, der heutigen „Grand-Prix"-Veranstaltungen der „Volksmusik" in Funk und Fernsehen nicht mehr geläufig scheint. In der Spaßgesellschaft mit dem Schunkeln und Stakkato-Klatschen ist die „Volksmusik" zur Massengaudi verkommen. Volksmusik ist jenes „Zwiegespräch mit der eigenen Seele, welche Gott und Welt enthält", wozu Hermann Hesse ermutigt hat.

Es war nicht nur ein Zeichen mangelnder Bildung, es war niederträchtig und erschütternd, daß Jahrzehnte später (1991) einem Freund vom Kiem Pauli und Mitbegründer der Volksmusik in Bayern, Kurt Huber (1893–1943), unterstellt wurde, er habe während des Dritten Reiches einen fatalen blut- und bodenschweren Zungenschlag gehabt. Wußte man nicht mehr, daß Prof. Dr. Kurt Huber, dessen Vorlesungen sowohl über Volksmusik als auch über Leibniz ich selbst an der Münchener Universität gehört hatte, der Berater der Geschwister Scholl und der studentischen Widerstandsbewegung „Weiße Rose" gewesen war? Er wurde durch Roland Freisler im Saal 216 des Münchener Justizpalastes zum Tode verurteilt und am 13. Juli 1943 in München-Stadelheim hingerichtet.

Annette Thoma und der Kiem Pauli haben den damaligen Theologiestudenten im Priesterseminar Freising nahegebracht, daß Brauchtum und Volksmusik die Erlebnisse der Menschen – ihres Liebesglücks wie ihrer Liebesenttäuschung, der Schönheit

der Berge, Flüsse und Seen, Tiere und Pflanzen, des Familien-
wie des Kirchenjahres sowie bei Taufen, Hochzeiten und Beer-
digungen – im Lied aufgreifen. Im „Hoamgarten" der Familien
oder der Nachbarhäuser sollen sie weiterklingen. Priester der
Nachkriegszeit haben singend und spielend mit der Klampfe
Seelsorge und Verkündigung auf indirekte Weise praktiziert.

Der Bayerische Jodler – ein Jubilus

Beim dritten Dombergsingen 1953 im Priesterseminar Freising
sprach mein Nachfolger als Dozent, Dr. Joseph Ratzinger, im
Roten Saal die Worte der theologischen Besinnung. Er hatte
im Juli 1953 mit einer Arbeit über Augustinus seinen theologischen Doktorgrad erhalten. Aus der Beschäftigung mit diesem
großen Kirchenvater hat er unter ausdrücklichem Hinweis auf
einen Augustinus-Text eine interessante und kaum bekannte
Ursprungsgeschichte des Bayerischen Jodlers aufgezeigt.

*… wenn wir sehen, wie etwa in diesen Adventsliedern Christus
gleichsam hereingeholt ist in unser Land und Volk, wie er in diesen
Liedern unter uns gleichsam herumwandert: Die uralte Botschaft,
das „Wort" ist wieder Wirklichkeit geworden, hat wieder „Fleisch"
angenommen. Wenn wir das heute wieder neu erkennen würden,
daß es darauf ankommt, daß das Wort immer neu Wirklichkeit
werde, „Fleisch" annehme, dann möchte dieser Abend keinen schlechten Dienst getan haben.*
*Damit möchte das Wichtigste zu den Liedern des heutigen Abends
gesagt sein. Aber es kommen auch ein paar Lieder ohne Worte vor,
die wir im Bayerischen „Jodler" heißen, und über die möchte ich gern
noch eine Bemerkung machen – oder vielmehr nicht ich, sondern ich
überlasse da das Wort dem größten Theologen der abendländischen
Kirche, dem heiligen Augustinus. Er kennt nämlich den „Jodler".
Er heißt zwar bei ihm „Jubilus", aber es ist kein Zweifel, daß er das
Gleiche meint: dies wortlose Ausströmen einer Freude, die so groß
ist, daß sie alle Worte zerbricht. Er redet sogar verhältnismäßig oft
darüber, ich kenne allein acht Stellen in seinen Predigten, in denen er*

davon spricht. Eine davon, die mir die schönste zu sein scheint, will ich Ihnen vorlesen. Er legt da den Psalm 32 aus und kommt zum Vers 3 „Bene cantate ei cum jubilatione – Singt Ihm (dem ewigen Gott nämlich) gut mit jubilatio." Er fährt fort: *Was heißt das doch, mit „jubilatio" singen? Das heißt: Mit Worten nicht ausdrücken, nicht sagen können das Lied, das dir im Herzen singt. Wenn nämlich die Erntearbeiter auf dem Feld oder im Weinberg in immer jubelndere Freude geraten, dann geschieht es wohl, daß sie ob der Überfülle der Freude keine Worte mehr finden. Dann verzichten sie auf Silben und Worte und ihr Singen wird zum „Jubilus". Der Jubilus ist nämlich ein Klang, der da zeigt, daß das Herz verkünden will, was es doch nimmer sagen kann. Und wem gebührt solcher Jubilus mehr, als dem, der „unsagbar" ist (Gott). Unsagbar ist nämlich der, den deine Worte nicht fassen können. Wenn du Ihm aber nicht sagen kannst und doch nimmer von ihm schweigen darfst, was bleibt dir da, als zu jubilieren? Was bleibt dir, als daß dein Herz sich freue ohne Worte und die unmeßbare Weite deiner Freuden sprenge alle Grenzen der Silben. Singt dem Herrn im Jubilus."* Denn: *Beatus populus qui scit jubilationem – Selig das Volk, das zu jubilieren weiß (Ps 88,16).*

Joseph Ratzinger am 5. Dezember 1953 in Freising

Unterwössener Adventsingen

Ein bleibender und anregender Mittelpunkt der Volksmusik war der aus Berchtesgaden stammende, 1954 zum Priester geweihte und später zum Pfarrer von Unterwössen ernannte Franz Niegel.

Seit der gemeinsamen Zeit im Priesterseminar Freising, vor allem durch das Dombergsingen, war Franz Niegel mit Dr. Joseph Ratzinger in ganz besonders akzentuierter Freundschaft verbunden. So hat der eben zum theologischen Doktor Promovierte dem am 29. Juni 1954 in Freising durch Kardinal Joseph Wendel zum Priester geweihten Volksmusiker in dessen Heimat Berchtesgaden in der Stiftskirche am 4. Juli 1954 die Primizpredigt gehalten. Diese Berchtesgadener Stiftskirche und die aufgeschlossene Pfarrgemeinde muß dem späteren Kardinal und

Der Unterwössener Viergesang mit Pfarrer Franz Niegel

Präfekten der Glaubenskongregation so ans Herz gewachsen sein, daß er dort zwischen 1987 und 1994 zwei Predigten zum Epiphaniefest über das „Kindsein des Herzens" und „Wir haben seinen Stern gesehen" und eine abschließende Predigt „Die Taufe Jesu und unsere Taufe" gehalten hat (veröffentlicht unter: Weihnachtspredigten, 1998).

Doch nun wieder zurück nach Unterwössen. Im gemütlichen Pfarrhaus von Unterwössen, wo in freien Stunden viel musiziert und gesungen worden ist, ist der spätere Erzbischof von München und Freising, Kardinal Joseph Ratzinger, gerne eingekehrt und hat fröhlich mitgefeiert. So kam er auch am 2. Adventsonntag 1974 zum Festgottesdienst mit Predigt. Beim abendlichen Adventsingen im Pfarrheim hielt er eine Ansprache, aus der eine Passage zitiert sei.

… All der Klang, den wir gehört haben, überschreitet unermeßlich das, was die Vernunft sagen kann und dient geradezu so dem, was sagbar geworden ist; er ist damit erst auf seine Mitte hin erlöst. Es ist die Kraft des Schönen, die Kraft eines in Jahrhunderten gewordenen Bekenntnisses, die uns immer wieder aufnimmt und

*führt, sozusagen als lebendige, heilende Macht da ist, in der wir
selbst immer wieder in die Konsonanz des menschgewordenen Gottes, in die Geschichte seiner Liebe mit dem Herztakt seiner Liebe
hineingehalten werden.*
JOSEPH RATZINGER AM 10. DEZEMBER 1978 IN UNTERWÖSSEN

Nebenbei sei erwähnt, daß Pfarrer Franz Niegel, der auch ein
Herz für menschliche und religiöse Not hatte, einmal Hildegard
Knef helfen konnte. Die Sängerin und Schauspielerin erzählt
in ihrem Buch „Das Urteil" (1975, S. 189 f. und 315 f.), daß
1973 nach einer schweren Operation in Salzburg Pfarrer „Martin" „uns (Hildegard Knef und ihre Tochter Christina) in seinem
Schlafzimmer einquartiert hatte" (S. 316). Dieser Pfarrer „Martin" war kein anderer als Niegel, der wohl von Hildegard Knef
wegen der Pfarrkirche St. Martin in Unterwössen (im Dekanat
Traunstein) als gütiger und einfühlsamer Pfarrer „Martin" geschildert wurde.

Pfarrer Niegel, den ich aus dem Priesterseminar in Freising und
dem von ihm aus der Taufe gehobenen Dombergsingen kannte,
hat mir bei späteren Besuchen und Vorträgen im Pfarrheim von
Unterwössen von seiner Begegnung mit Hildegard Knef, ihrem
religiösen Suchen und ihren Meßbesuchen erzählt; sie dachte
zeitweise sogar daran, in die katholische Kirche einzutreten.
Das Unterwössen-Erlebnis und die glaubwürdige Persönlichkeit des Pfarrers Franz/Martin standen im Hintergrund, als Hildegard Knef ihre Lebensgeschichte niederschrieb; diesem Buch
war ihr Bestseller „Der geschenkte Gaul" (1970) vorausgegangen.
Im Buch „Das Urteil" hat sie von ihrer Lebensfreude, aber auch
von ihrer Sterbensangst geschrieben, die sie in ihren Chansons
mit ihrem berühmten rauchigen Timbre besungen hat. Über die
Sinngebung durch die Kirche schreibt sie:

*Wenn jemand krank ist oder stirbt, wird die Welt verlegen. Dann
weiß sie nichts mehr zu sagen. Genau an dem Punkt, wo die Welt
schweigt, richtet die Kirche eine Botschaft auf. Ich liebe die Kirche
um dieser Botschaft willen.*
HILDEGARD KNEF: DAS URTEIL ODER DER GEGENMENSCH, 1975, S. 326

Im Jahr 1951 hatte (die am 28. Dezember 1925 in Ulm geborene) Hildegard Knef in dem Heimatfilm „Die Sünderin" großes Aufsehen erregt. Harsche Kritik kam von der katholischen Kirche. Auch die moralischen Grundfesten der jungen Bundesrepublik schienen erschüttert. Es war jedoch nicht nur die berüchtigte Nacktszene, sondern auch die Prostitution jenes von der Knef gespielten Mädchens, das zudem schließlich sich und ihren schwerkranken Geliebten vergiftet (Euthanasie-/Selbstmord-Problematik), was Anstoß erregte.

Nach dem Tod von Hildegard Knef am 1. Februar 2002 wurde diese nach dem Trauergottesdienst in der vollbesetzten Berliner Gedächtniskirche auf dem Waldfriedhof Zehlendorf in einem Ehrengrab bestattet. Rosen über Rosen schmückten den Weg zum Grab und füllten es, ganz so, wie Hildegard Knef es so oft gesungen hatte: „Für mich soll's rote Rosen regnen ..."

Vom Schreien zum Singen

Die Freude am Singen und Musizieren ist ein kostbares Geschenk des bayerischen Menschenschlages und Brauchtums. Immer wieder ist der spätere Kardinal Joseph Ratzinger darauf zu sprechen gekommen. Er freute sich über die Salven der Bayerischen Gebirgsschützen zu seinen Geburtstagen ebenso wie über die schneidigen Klänge der bayerischen Blasmusik.

Anläßlich eines Adventsingens im vielgeliebten Unterwössen bei Pfarrer Franz Niegel hat Kardinal Ratzinger 1978 aus seiner theologischen Tiefenschau und doch allgemeinverständlich eine Ansprache gehalten, die allen Freunden der Musik staunenswerte und kaum bekannte Einsichten des christlichen Glaubens vermittelt.

Im 6. Kapitel des Propheten Jesaja (6,3) wird erzählt, daß die Seraphe vor Gott stehen und daß sie einander zuschreien: „Heilig, Heilig, Heilig". Es ist ihre Weise der Huldigung.
Johannes hat diese Geschichte in der Geheimen Offenbarung (14,3) aufgenommen, aber ihr eine kleine und tiefreichende

Kurienkardinal Joseph Ratzinger hielt am 12. Juli 1987 in Partenkirchen die Festpredigt zum 40. Priesterjubiläum von Dr. Alfred Läpple

Veränderung gegeben. Nun nämlich schreien die Seraphe nicht mehr, sondern sie singen. Der Übergang vom Alten zum Neuen Testament stellt sich hier als Übergang vom Schreien zum Singen dar. Und in der Tat spiegelt sich darin die Veränderung des Gottesverhältnisses, die da geschehen ist, wo Gottes Menschwerdung geglaubt wird.

Wo aber der christliche Glaube auftaucht, da geschieht etwas Neues. Da ist nicht mehr der Rhythmus der Welt und das Sichzurücklösen in das All die eigentliche Hoffnung, sondern da hat Gott angefangen, eine Liebesgeschichte mit uns zu machen. Dem entspricht nun nicht mehr das Schreien.

Vielleicht kommen wir ein Stück weiter, wenn wir jetzt in unsere Überlegungen ein paar besondere Eigenarten unseres bayerischen weihnachtlichen Singens hineinnehmen. Mir sind drei eingefallen. Die Erste ist der Vorrang der Melodie vor dem bloßen Rhythmus. Die nicht-monotheistischen Religionen der Welt sind dadurch gekennzeichnet, daß vor allen Dingen der Rhythmus das Beherrschende ist. Man will gleichsam in den großen Rhythmus der Welt einschwingen, sich selbst, die Qual und die Grenze des Menschseins dadurch überwinden, daß man einfach in den Rhythmus des Alls zurückkehrt, sich dort hinein auflöst.

Nun ist Gott nicht mehr eine ferne, unbegreifliche und auch irgendwo unheimliche Majestät, deren Größe sich im Schreien der Herolde spiegelt, sondern er ist uns nah geworden. Noch immer gilt ihm Ehrfurcht, ja vielleicht mehr als zuvor, aber die Ehrfurcht, die sich im Singen aussagt, die enthält nun doch zugleich, auf ganz neue Weise, Nähe, Verehrung, Liebe, Vertrauen, ja Humor.

Das Zweite ist die Freude an der Konsonanz, am Dreiklang, am Zusammenklingen. Mir scheint, daß gerade auch darin etwas von dem Besonderen des Glaubens an die Menschwerdung sichtbar wird, denn ihr Wesen besteht ja darin, daß mitten in den Dissonanzen, aus denen die Welt besteht, eine unerhörte Konsonanz erklingt: Göttliche und menschliche Natur klingen zusammen. Dieser große Zweiklang, der aus dem Dreiklang des Dreifaltigen Gottes heraustritt, spiegelt sich in einem neuen Singen und Musizieren, das mitten in der Dissonanz der Welt die Konsonanz der göttlichen Liebe hört, in der die Liebe von Vater, Sohn und Geist zusammenklingen und in der der wundervolle Einklang von Gottsein und Menschsein hinüberblicken läßt über all die Dissonanzen, in denen wir uns bewegen.

Das Dritte ist, daß bei aller Freude am Klang, und obwohl immer unendlich mehr gesagt wird, als Wörter sagen können, doch das Wort eine bestimmende Bedeutung behält. Gott ist ja nun nicht mehr der Anonyme und der Unbekannte, sondern Gott hat sich sozusagen selbst erzählt und man kann ihn erzählen, wie wir es in dem Spiel der Hirten, wie wir es in den heiteren und tiefen Liedern eben gehört haben. Im erzählten Wort erzählen wir Gott selbst. All der Klang, den wir haben, überschreitet unermeßlich das, was die Vernunft sagen kann und dient gerade so dem, was sagbar geworden ist; er ist damit erst auf seine Mitte hin erlöst.

Deswegen sind ja die Liebe und die Religion die beiden Ursprungsorte des Singens. Wo sie erlöschen würde, würden wir sehr schnell wieder ins bloße Schreien zurückfallen. Und ich glaube, wir alle wissen das heute, daß es so ist.

Joseph Ratzinger am 10. Dezember 1978 in Unterwössen

MUSIK UND BRAUCHTUM

Kurienkardinal Joseph Ratzinger an seinem Flügel in Rom

Im Anschluß an das Adventsingen im Priesterseminar Freising ist sicherlich der richtige Platz, um die Bedeutung der Heimat, ihrer Musik und ihres Brauchtums im Leben und Wirken des Joseph Ratzinger auszuloten, der auch in Rom als Präfekt der Glaubenskongregation wie als Papst Benedikt XVI. ein Bayer geblieben ist. Zu seinem Leben und Glauben gehören sicherlich der Schreibtisch und das Lesepult bei Vorlesungen; nicht zu vergessen seine Bibliothek, seine Kniebank und sein Klavier, das ihn auch in Rom begleitet hat und in seinen vatikanischen Räumen einen Ehrenplatz einnimmt.

Rimsting

Im Leben der Eltern des Papstes Benedikt XVI. wie auch ihrer Kinder, Maria, Georg und Joseph, hat der Ort Rimsting am Chiemsee eine große Bedeutung. Wie eine 2006 durch den Ortshistoriker Johann Nußbaumer gut recherchierte Veröffentlichung belegt und damit unrichtige Überlieferungen korrigiert, hat die Papstmutter ihre eigene Geschichte. Sie wurde als Maria Paintner am 8. Januar 1884 in Mühlbach bei Kiefersfelden (Pfarrei Oberaudorf) geboren. Der Vater war wohl Isidor Rieger, der 1890 eine Bäckerei in Rimsting (Dekanat Chiemsee) kaufte. In Rimsting hat Maria Paintner, so hieß sie nach der Mutter, ihre Jugendzeit verbracht und später ihren Kindern von dieser schönen und sorglosen Zeit erzählt. Die Jahre des Ersten Weltkriegs (1914–1918) hat sie gut versorgt in einer Bäckerei erlebt. 30 Jahre Bäckerei lagen hinter ihr, als Maria Paintner 1920 den Gendarmeriemeister Joseph Ratzinger heiratete. Mit der Vermählung hat Maria Paintner „emporgeheiratet". Ihr Mann war bayerischer Beamter, mit einem fixen Monatsgehalt und mit einer guten, gesicherten Pension.

Rimsting am Chiemsee war durch das Gespräch der Mutter auch den Kindern Maria, Georg und Joseph nicht nur vertraut, sondern wurde von der ganzen Familie Ratzinger oft besucht. Es war daher selbstverständlich, daß die Neupriester Georg und Joseph Ratzinger in der Pfarrkirche St. Nikolaus in Rimsting 1951 ihre Nachprimiz feierten und den Primizsegen spendeten. Die Mutter Maria Ratzinger († 1963) war eine stille und sorgende, „introvertierte" Hausmutter, die ihren drei Kindern das Beten lernte wie auch die Mitfeier der heiligen Messe – durch ihr Beispiel, durch die Glaubwürdigkeit ihres Lebens – in der Familie eines Gendarmen, der in seinem Beruf allzu oft mit den üblen Seiten der Menschen zu tun hatte.

Musik in der Familie Ratzinger

Die Familie Ratzinger 1951:
die Eltern Maria und Joseph, die Kinder Maria, Georg und Joseph

Musik hatte im Elternhaus eine Heimat, einen Ehrenplatz, obwohl der Gendarmenberuf des Vaters nicht überschwenglich
bezahlt wurde. Es gab in der Ratzinger-Genealogie keinen Mozart. Sehr bald aber spürte der Vater, der selbst Zither spielte,
daß der ältere Sohn Georg ein hochmusikalischer Junge war und
der jüngere Sohn Joseph mit großen und staunenden Augen zu
seinem musizierenden, sehr bald auch komponierenden Bruder
mit hohem Respekt aufschaute.
Aus lang erspartem Geld kaufte der Vater seinem Sohn Georg
ein Harmonium und später von den Maria-Ward-Schwestern
in Sparz ein gerade noch bespielbares Klavier. Erstmals konnte
Georg 1934 in der Kirche von Aschau die Singmesse der Gläubigen mit der Orgel begleiten. 1936, wohnhaft in Hufschlag und
Schüler am Gymnasium in Traunstein, hat er zum Weihnachts-
fest seine erste Komposition vorgelegt, die von der Ratzinger-

Familie – Vater, Mutter, Schwester Maria, Bruder Georg und Bruder Joseph – gemeinsam gesungen wurde. Auf dem Harmonium und später auf dem Klavier des Bruders hat auch Joseph seine ersten musikalischen Versuche unternommen. Er konnte zwar den musikalischen Gipfel seines Bruders Georg nicht erreichen, aber für seinen persönlichen Hausgebrauch hat er es weit über die Mittelklasse der Klavierspieler hinaus gebracht.

Es war mehr als eine humorvolle Huldigung des großen Theologen, als der Kölner Erzbischof und Kardinal Joachim Meisner den einprägsamen Satz gesprochen hat: „Kardinal Ratzinger ist der Mozart der Theologie." Befragt nach dem Sinn dieses Satzes antwortete sein Bruder und Domkapellmeister Georg Ratzinger: „Er hat eine gewisse Berechtigung. Die Theologie meines Bruders ist nicht so problembeladen und schwierig wie die von Karl Rahner, den ich persönlich sehr schätze. Zielstrebigkeit, Klarheit und Form, das verbindet sein Werk schon irgendwie mit Mozarts Musik."

Über Kardinal Ratzinger als Schriftsteller sagte Hans Maier, seine Sprache habe …

… etwas donauländisch Strömendes, sie ist an vielen Stellen erfüllt von einem sanften Enthusiasmus, der den Leser und Hörer unwiderstehlich in seinen Bann zieht … eine bis in die Wortwahl und Satzbildung hinein fühlbare Musikalität.

Noch als Gymnasiasten haben Georg und Joseph – während des Zweiten Weltkriegs – 1941 ein Mozartkonzert (Gedächtnis seines 150. Todesjahres) der Regensburger Domspatzen im benachbarten Salzburg besucht. Der drei Jahre ältere Bruder Georg wurde im Sommer 1942 zum Reicharbeitsdienst eingezogen.

Der Karl-Valentin-Orden

Im musikfreudigen Oberbayern gab es im 20. Jahrhundert die fidele Zunft der Volkssänger. Selbst im Dritten Reich gab es für sie Narrenfreiheit, wenn etwa der Weiß Ferdl (1883–1949) im München Platzl seine Gäste begrüßte: „Heil Hitler und Grüß Gott für die Andersgläubigen!"

Auch Ida Schumacher, die quirlige „Ratschkathl" (1894–1956), Liesl Karlstadt (1882–1960) und Karl Valentin (1882–1948) gehörten zu den umjubelten Volkssängern Münchens. Ein exzellenter und hintersinniger „Gstanzl"-Sänger war der als sechzehntes Kind einer kleinen Gütlersfamilie in Weihmichl bei Landshut 1906 geborene Roider Jackl († 1975). Er war im Forstamt auf dem Freisinger Domberg, das bis heute im ehemaligen Domherrenhof „zum Schöneck" untergebracht ist, beschäftigt. In einem seinerzeitigen Wahlkampf hat er hinsichtlich der Politiker aller Parteien einen ehrlichen Wunsch geäußert:

Von mir aus schiaßn's de Politiker
alle auf'n Mond
denn da drobn kenna's
nix himacha
und d'Welt bleibt vo eahna verschont.
Roider Jackl: Gstanzl

Sein Sohn Werner hat mir wie sicherlich auch meinem Nachfolger, Dozent Joseph Ratzinger, bei den heiligen Messen im Freisinger Dom ministriert.

Der Theologiestudent Joseph Ratzinger hatte eine besondere Vorliebe für den am Rosenmontag, 9. Februar 1948, verstorbenen Karl Valentin. Er hat eingestanden: „ ... im Sommer 1948 bin ich von Fürstenried aus, wo damals die Theologische Fakultät untergebracht war, nach Planegg an das Grab von Karl Valentin gepilgert" (zitiert aus: Münchner Merkur vom 5. Januar 1989). Der Fußweg von Fürstenried über Neuried nach Planegg hin und zurück beträgt etwa 15 km.

Am 4. Januar 1989 wurde dem Kurienkardinal Joseph Ratzinger im Schwabinger Schlößchen Suresnes (Katholische Akademie) durch den damaligen Präsidenten der Münchner Faschingsgesellschaft Narrhalla, Werner Hoser, der Karl-Valentin-Orden überreicht. Georg Lohmeier, der Joseph Ratzinger aus der

Studentenzeit kannte, wußte in seiner Laudatio des neuen Or-
densträgers zu berichten: Er „war schon als Student so eine Art
hl. Bernhard (von Clairvaux). Ernst und verschwiegen, ein Mu-
ster an Gelehrsamkeit und Eifrigkeit."

In seiner Dankrede zur Ordensverleihung hat Kardinal Ratzinger gekonnt und überaus geschickt die Narrenfreiheit mit
seiner damaligen Aufgabe als Präfekt der Glaubenskongregation
verknüpft, wissend um das Schriftwort: „Wir sind Narren um
Christi willen" (1 Kor 4,10).

*... ein Narrenorden, mit dem wir uns selber und den Ernst der gro-
ßen Gesellschaft lustig machen, ist eine gute Sache. Deswegen habe
ich ihn auch gerne angenommen. Einige sind darüber in tiefsinnige
Betrachtungen verfallen, ob meine humoristischen Verdienste für
so etwas eigentlich ausreichen. Das war vielleicht doch ein bißchen
gar zu viel Ernst bei einer lustigen Sache. Andere haben Zweifel
geäußert, ob das mit einem so ernsten Beruf wie dem meinigen zu-
sammenstimme.*
*Mir kommt vor, das paßt sogar ausgezeichnet. Denn bekanntlich
ist es das Privileg der Narren, die Wahrheit sagen zu dürfen. Am
Hof der alten Potentaten war oft der Narr der einzige, der sich den
Luxus der Wahrheit leisten konnte ... Und nachdem es mir von
Berufs wegen zufällt, die Wahrheit sagen zu sollen, bin ich recht
froh, daß ich nun amtlich in den Stand derer aufgenommen bin, die
dieses Privileg haben ... Wer die Wahrheit sagt und sich nicht auch
ein wenig wie ein Clown dabei vorkommt, würde wohl allzu leicht
selbstherrlich werden ...*
*Jetzt muß ich doch noch ein Wort zu Ihnen sagen, lieber Herr Loh-
meier. Wir haben ja vieles gemeinsam, unter anderem, daß wir
Ministranten gewesen sind. Ich möchte aus ihrem Buch „Geschichten
von Ministranten, Mesnern und Pfarrherren" zitieren. Da heißt
es Seite 123 f.: „Kaum wird es jemals ein Münchner Erzbischof
wagen, durch die Hebung der Gebeine in Planegg den Heiligspre-
chungsprozeß für Karl Valentin anzufangen. Obwohl die Heiligen
immer schon exemplarische Naturen gewesen sind."*
<small>JOSEPH CARDINAL RATZINGER NACH: MÜNCHNER MERKUR VOM
5. JANUAR 1989</small>

Dann erzählte Kurienkardinal Ratzinger seine Pilgerfahrt von Fürstenried nach Planegg an das Grab von Karl Valentin im Jahr 1948. Die letzten Worte des sterbenden Karl Valentin waren: „Wenn ich gewußt hätt', daß sterben so schön ist." Effi Horn hat geschrieben: „Er war ein Einmaliger in der Schar der Volkssänger, ein Nie-Wiederholbarer."

Musik als Freude am Klang und an der Melodie, aber auch als Entspannung und Ausgleich nach wissenschaftlicher Arbeit oder nach Enttäuschungen! Gerade der jüngere Bruder Joseph fand nicht wenige Anregungen zur Musik bei Augustinus, der zwischen 387 und 390 die Schrift „De musica" verfaßt hatte. Als Dozent im Priesterseminar Freising 1948 bis 1952 konnte ich selbst die Musikalität des Theologen Georg Ratzinger, vor allem auf der Freisinger Domorgel, bewundern. Damals schon hat Regens Michael Höck in internen Gesprächen bei Georg Ratzinger die Doppelberufung zur Musik und zum Priestertum angesprochen. Wiederholt habe ich später den Domkapellmeister in Regensburg wie auch in München erlebt – mit der weichen Zeichensprache seiner Hand, mit dem hochgestreckten Zeigefinger der Rechten, mit der introvertierten Innerlichkeit seines Gesichtes. Er war und blieb stets bescheiden und jubelte seine Freude und Glückseligkeit nach einem gelungenen Konzert der Domspatzen nicht heraus. Als Domkapellmeister von Regensburg hat er vorgelebt, wie die Berufung zum Priestertum auch mit dem Charisma der Musikalität beschenkt sein kann.

Ehrenmitglied der Bayerischen Gebirgsschützen

Es ist in der ganzen Kirchengeschichte einmalig, daß ein Papst Ehrenmitglied der Bayerischen Gebirgsschützen ist. Bei seiner Verabschiedung nach Rom am 28. Februar 1982 hatte er versichert: „Ich werde Bayer bleiben, auch wenn ich in Rom bin – Etiam Romae, semper civis bavaricus ero."

Schon bei seiner Berufung zum Erzbischof von München und Freising 1977 haben es sich die Bayerischen Gebirgsschützen nicht nehmen lassen, den bisherigen Theologieprofessor an der Universität Regensburg in seiner oberbayerischen Heimatdiözese festlich zu begrüßen. Was damals begann, ist zu einer treuen, beiderseits dankbaren und beglückenden Verbundenheit geworden.

Beim Abschied 1982 hatte es in einem viel beklatschten Abschiedsgedicht im bayerischen Dialekt geheißen:

... wenn's dir drunten no so gfallt,
Vergiß uns net und bsuach uns bald.

Auf dem Marienplatz in München hatten damals nach dem Gebet vor der Mariensäule die Bayerischen Gebirgsschützen einen dreifachen Ehrensalut „Gott zur Ehr" abgefeuert – nicht als letzten Abschiedssalut für den scheidenden Kardinal und Erzbischof, sondern als Salut der bleibenden und sich verfestigenden Verbindung mit dem Präfekten der Glaubenskongregation, dem heutigen Papst Benedikt XVI.

Es gab keinen Festtag des Kardinals Ratzinger in Rom, wo nicht die Bayerischen Gebirgsschützen, meist mit Musikkapelle, aufmarschiert wären: zum 60. Geburtstag 1987 – zum 75. Geburtstag – sowie zum 25. Bischofs- und Kardinalsjubiläum 2002. Damals reisten etwa 400 Gebirgsschützen aus 46 Kompanien vom Werdenfelser Land bis Berchtesgaden mit Fahnenabordnungen, Musikkapelle und Trommlerzug in acht Bussen nach Rom. Es erklang der Bayerische Defiliermarsch bei der Parade vor Roms ältester Marienkirche, Santa Maria in Trastevere. Nach der päpstlichen Geburtstagsaudienz feuerten die Bayerischen Gebirgsschützen im Vatikan ein krachendes, unvergeßliches Salutschießen ab. Selbst die Schweizer Garde horchte auf.

In schwärmerischer Erinnerung dokumentiert ein Buch mit einzigartigen Fotos von Hans-Günther Kaufmann unter dem Titel „Was die Welt schön macht" den Festtag mit der Tegernseer Gebirgsschützenkompanie am Christi Himmelfahrtstag 2004 in Rottach-Egern. Kardinal Joseph Ratzinger, der Ehrenmitglied der Tegernseer Kompanie ist, kam eigens aus Rom angeflogen und wurde vom Bankier Thaddäus Joseph Kühnel, der ihm seit 1978 treu verbunden ist, vom Flugplatz zum Tegernsee gefahren.

In seiner Festpredigt verstand es Kardinaldekan Ratzinger, die Wirklichkeit seiner bayerischen Heimat wie der Gebirgsschützen mit dem Weltauftrag der Christen zu verbinden:

Liebe Gebirgsschützen, ihr habt euch dem Dienst an der Heimat verschrieben. Eure Gewehre haben nichts mit Gewalt, Haß, mit Vergeltung, mit Zerstörung zu tun; sie dienen der Freude, daß sie festlich ertönt und laut wird in dieser Welt.
Aber ihr habt dennoch einen Verteidigungsauftrag. Nicht mehr einen, den man mit Gewehren ausübt, sondern einen, den man mit dem Leben ausübt. Ihr habt den Verteidigungsauftrag für diese unsere Heimat, das heißt für die Werte, auf die sie gegründet ist, die sie schön machen und von denen wir leben. Diese Werte strömen aus der Kraft des christlichen Glaubens heraus. Das ist unser Verteidigungsauftrag, daß wir diese Wurzel des Guten lebendig halten, daß sie wachsen und Frucht tragen kann und wir sie gegen das Zertrampeln verteidigen: daß wir sie nicht zerstören lassen ...
Das ist der Verteidigungsauftrag, den wir miteinander wahrnehmen und in dem uns ein solcher Tag wieder neu bekräftigt ... so vertrauen wir dieses Land der Güte des Herrn an, daß er seine segnenden Hände über uns hält und uns selbst zu Segnenden macht.
Joseph Cardinal Ratzinger in: Was die Welt schön macht, 2004

Wer hätte an jenem 20. Mai 2004 in Rottach-Egern am Tegernsee daran gedacht, daß knapp ein Jahr später, am 19. April 2005, die ganze Welt damit überrascht werden würde, daß Kardinal Ratzinger zum Papst gewählt wird?
Der Hauptmann der Tegernseer Gebirgsschützenkompanie hatte in den Dankesworten an Kardinal Ratzinger an jenem Himmelfahrtstag 2004 gesagt:

Herr Kardinal, wir Gebirgsschützen sind stolz und dankbar, Sie als Ehrenmitglied in unserer Kompanie zu haben. Wir wünschen Ihnen für Ihre mehr als verantwortungsvolle Tätigkeit in der Weltkirche Gottes reichsten Segen, und daß der Herrgott Ihnen weiterhin die Kraft und Gesundheit gebe, diese schwere Last zu tragen.
Alfred Baier in: Was die Welt schön macht, 2004

DIE SPIRITUELLE MITTE

Während seines Theologiestudiums an der Universität in
München entwickelte und vertiefte sich die Herzens-
frömmigkeit seines Elternhauses wie auch seiner Jugendzeit von
Semester zu Semester zu einer spürbaren religiösen Mitte.

Der jugendliche Joseph Ratzinger fühlte sich wohl in der baye-
risch-barocken Frömmigkeit. Noch Jahrzehnte später schreibt
er vom Erlebnis des Fronleichnamsfestes:

*Ich spüre noch den Duft, der von den Blumenteppichen und von den
frischen Birken ausging; der Schmuck an allen Häusern gehört dazu,
die Fahnen, die Gesänge; ich höre noch die dörfliche Blasmusik, die
an diesem Tag manchmal sogar mehr wagte, als sie konnte, und ich
höre das Krachen der Böller, mit denen die Burschen ihre barocke
Lebensfreude ausdrückten, aber dabei eben doch Christus wie ein
Staatsoberhaupt, ja als das Oberhaupt, als den Herrn der Welt auf
ihren Straßen und in ihrem Dorf begrüßten. Die immerwährende
Anwesenheit Christi wurde an diesem Tag gleichsam als ein Staats-
besuch begangen, der auch das kleinste Dorf nicht ausläßt.*
JOSEPH CARDINAL RATZINGER, DAS FEST DES GLAUBENS, 1981, S. 112

Prägungen durch Münchener Theologieprofessoren

Es waren dann vor allem drei Professoren, die ihm Führung und
Geleit gaben: Der aus Breslau gekommene Neutestamentler
Friedrich Wilhelm Maier, der ihm den Blick hinter die bloße
Wortexegese geöffnet hat und dessen Meisterschüler Rudolf
Schnackenburg war, – der aus Münster gekommene Dogma-
tiker Michael Schmaus, der ihm den Weg aus der Begriffs-
theologie in die Sprache der Verkündigungstheologie und der
einfachen Christen erschloß, – vor allem aber sein Meister, der
Kölner Gottlieb Söhngen, der ihn zum kritischen, tiefgläubigen
und kirchentreuen Denken führte. Wegweisend waren auch die

Begegnungen mit Augustinus (Promotionsschrift) wie mit Bonaventura (Habilitationsschrift).

Für Ratzingers Leben, Glauben und Beten, für sein Verständnis der Theologie als Wissenschaft war und blieb grundlegend und sich vertiefend jenes Bibelverständnis, das ihm der Neutestamentler Friedrich Wilhelm Maier in seinen Vorlesungen und Seminaren geschenkt hat. Es war jene tiefe Ehrfurcht, von der Martin Buber schrieb:

Immer, wenn ich einen biblischen Text zu übertragen oder zu interpretieren habe, tue ich es mit Furcht und Zittern, in einer unentrinnbaren Schwebe zwischen dem Wort Gottes und den Worten der Menschen.
MARTIN BUBER: BEGEGNUNGEN, 1960, S. 47

Während seines Theologiestudiums erlebte Joseph Ratzinger mit vielen Studenten auch außerhalb der Theologischen Fakultät eine brisante Rückblende in das Dritte Reich, in der Dogmatikprofessor Michael Schmaus im Zentrum der Presseberichte und Universitätsdebatten stand. In einem anonymen Bericht unter dem Titel „Eine schwankende Gestalt", veröffentlicht in der Münchener „Abendzeitung" (AZ) vom 2. Juni 1949, wurde von öffentlichen Sympathien für das Dritte Reich durch Michael Schmaus im Jahr 1933 berichtet. Auch von kirchlicher Seite wurde damals moniert, daß er sich über den Nationalsozialismus positiv geäußert habe und mit keinem Wort auf die weltanschaulichen Differenzen zu sprechen gekommen sei.

Was war 1933 geschehen, das noch 1949 das Ansehen von Michael Schmaus beschädigte? Von 1929 bis 1933 war Michael Schmaus an der Deutschen Universität in Prag tätig gewesen, der ersten deutschen und mitteleuropäischen Universität der Geschichte, die damals im Mittelpunkt einer politischer Auseinandersetzung gestanden hatte, dem Insignienstreit. 1934 hatte das tschechoslowakische Ministerium für Schulwesen und Volkskultur die deutsche Universität Prag zur Aushändigung der mittelalterlichen Universitätsinsignien verpflichtet.

Mit der Deutschen Universität war das Benediktinerkloster Emmaus in Prag ein Mittelpunkt deutscher Interessen. Dieser

Klosterkomplex liegt auf einer erhöhten Terrasse auf dem rechten Ufer der Moldau. Am Ostermontag, dem 29. März 1373, war das Kloster in Anwesenheit des Königs Karl IV. eingeweiht und wegen des Tagesevangeliums (Lk 24,13–35) „Emmaus"-Kloster (Emausy) genannt worden. Die ersten Mönche waren kroatische Benediktiner gewesen, die die slawische Liturgie pflegten (Monasterium Slaworum). 1880 wurde das Kloster Benediktinern übergeben, die im Kulturkampf aus Beuron vertrieben worden waren. Seit 1908 führte Abt Alban Schachleiter die klösterliche Gemeinschaft, der 1918 von den tschechischen Behörden ausgewiesen wurde und sich in Deutschland politisch dem rechten Flügel anschloß. Der spätere Abt Ernst Vykounkal starb im KZ Dachau am 9. September 1942.

Aus diesem politischen Wetterwinkel Prag kam Michael Schmaus, als er 1933 den Ruf an die Universität Münster annahm.

Seltsam unklar war die kirchenpolitische Situation noch in der zweiten Hälfte des Jahres 1933. Am 28. Oktober 1933 wurde Clemens August Graf von Galen im Dom zu Münster zum Bischof geweiht. Beim festlichen Einzug marschierten nach dem Klerus die uniformierten SA- und SS-Kolonnen mit Hakenkreuzfahnen ein und nahmen zum Weihegottesdienst in den Seitenschiffen Platz.

Der damals geweihte Bischof und seit 1946 Kardinal von Galen erhielt später wegen seines mutigen Auftretens gegen den nationalsozialistischen Ungeist den Ehrennamen „Löwe von Münster". Seine berühmten Predigten in St. Lamberti aus dem Jahr 1941 sind in Abschriften bis zu den Soldaten an der Ostfront gelangt.

Der durchaus national denkende Michael Schmaus kehrte im Jahr 1933, einer Zeit der nationalen Hochstimmung wie auch der Unterzeichnung des Reichskonkordats am 20. Juli 1933 in Rom, aus den Auseinandersetzungen an der Deutschen Universität in Prag in seine deutsche Heimat zurück. Er hielt im Sommer 1933 mehrere Vorträge in Köln wie auch in seiner neuen Universitätsstadt Münster, die auch als Buch unter dem Titel „Reich und Kirche – Begegnungen zwischen katholischem Christentum und nationalsozialistischer Weltanschauung" (1933) erschienen

sind, aus dem auch die Notiz in der Münchener „Abendzeitung"
1949 stammte.

Was 1933 gesprochen und geschrieben wurde, hatte im Jahr
1949 einen ganz anderen Klang, gerade in Diskussionen an der
Universität und im Ringen um die Machtverhältnisse im Senat
und Rektorat. In der Münchener „Abendzeitung" wurde aus dem
Vorwort des genannten Buches zitiert, wo Schmaus schreibt, es
sei eine Forderung der Zeit, nicht nur „sich rückhaltlos in den
neuen Staat einzuordnen, sondern auch die geistigen Grundlagen der nationalsozialistischen Weltanschauung zu würdigen".
Aus Seite 31 wurde zitiert: „Die Tafeln des nationalsozialistischen Sollens und die der katholischen Imperative stehen frei-
lich in verschiedenen Ebenen des Seins, weisen aber in dieselbe
Wegrichtung."

Dem seit 1945 in München lehrenden Dogmatikprofessor
Michael Schmaus wurde bis zur Klärung des Falles untersagt,
Vorlesungen, Seminare und Prüfungen zu halten.

Wenige Jahre später wurde der rehabilitierte Professor Schmaus
1951 Nachfolger des langjährigen Rektors der Ludwig-Maxi-
milians Universität in München, Walther Gerlach.

Joseph Ratzingers Denken, sein Glauben und Beten wurde
philosophisch inspiriert durch den dialogischen Personalismus
(Ferdinand Ebner, Martin Buber). Es erhielt entscheidende
theologische Akzente durch das Thema Mysterium (Gottlieb
Söhngen) sowie durch Christologie und Ekklesiologie (Henri
de Lubac, Hans Urs von Balthasar). Glaube ist daher für ihn
Mitglauben mit der Kirche. Kirche wiederum kann nicht ohne
das Christusmysterium verstanden und gelebt werden.

Diese verschiedenen Impulse waren der anregende Kontext,
aus dem Gottgeschenktes, Gehörtes und Angelesenes, Betrach-
tetes und Durchbetetes zu jener unverwechselbaren Denk- und
Lebenseinheit gewachsen sind, die den Christen, Priester, Theologieprofessor und Buchautor, den Kardinal Joseph Ratzinger
und Papst Benedikt XVI. kennzeichnet.

Er denkt, schreibt, plant, glaubt und betet mit dem Herzen wie
Augustinus, Bonaventura, Blaise Pascal, John Henry Newman,
Henri de Lubac, Hans Urs von Balthasar. Er spürt zuerst mit

dem Herzen, um dann auch mit seinem Verstand zu reflektie-
ren, wenn Themen und Forderungen aus der Mitte des Glaubens
geraten – wie etwa bei der „Theologie der Befreiung" (Instructio
vom 8. August 1984), in der Sorge um homosexuelle Personen
(Schreiben vom 1. Oktober 1988), in der Auseinandersetzung
mit Erzbischof Marcel Lefebvre (1905–1991), in liturgischen Ei-
genmächtigkeiten, bei Fehlinterpretationen der Dokumente des
Zweiten Vatikanischen Konzils, bei Mißachtung der Religionsfreiheit wie der Ökumene.

Assisi – Treffen der Weltreligionen

Kardinal Ratzinger war als Präfekt der Glaubenskongregation
tief beunruhigt anläßlich des Gebetstreffens der Weltreligionen
am 27. Oktober 1986 in Assisi mit Papst Johannes Paul II. Damals haben buddhistische Mönche eine Buddhastatue auf den
Tabernakel gestellt.

Die brennende und verwirrende Frage stand im Raum: Wird
durch solche Treffen der Weltreligionen die Auffassung begün-
stigt oder sogar amtlich, Religionsfreiheit sei Religionsgleich-
heit? Ist Missionierung Mißachtung der Menschenrechte, der
Religionsfreiheit?

Es wurde ja in Theologenkreisen behauptet, die Unterschied-
lichkeit der Religionen sei lediglich bedingt durch Kultur und
Geographie, durch geistige Differenzen, wie sie etwa schon Ra-
bindranath Tagore (1861–1941) benannt hat: „Die Kultur der
alten Griechen wurde zwischen Stadtmauern großgezogen …
Indien legte den ganzen Nachdruck auf die Harmonie zwischen
dem einzelnen und dem Universum."

Das bibelgriechische Wort „koinonia" (Teilhabe, Gemeinschaft, z.B. 1 Joh 1,3.6) erlebte seine Sternstunde. Die Würde
des Menschen ist das Mysterium des göttlichen Anteilgebens
und des menschlichen Anteilnehmens. Karl Rahner (1904–
1984) hat daher die „Teilhabe an Gott" als Schlüsselbegriff jeder
Theologie, Frömmigkeit und Mystik gesehen. Hätten demnach
alle Religionen gleichermaßen an Gott teil?

Gegenüber einer solchen Nivellierung Jesu zu einem Religionsstifter wie Buddha oder Mohammed hat die Glaubenskongregation am 6. August 2000 die Erklärung „Dominus Jesus" veröffentlicht und darin „die Einzigkeit und Heilsuniversalität Jesu Christi und der Kirche" als „universale Autorität" (Nr. 23) wie „in ihrer Heilsbedeutung für die Menschheit und das Universum" (Nr. 12) aufgezeigt. Diese Einzigkeit und Unvergleichlichkeit Jesu und seiner Kirche verwirklicht sich in der Kenosis des Wortes (Joh 1,14), in der „Torheit der Verkündigung" (1 Kor 1,21), in der Entäußerung des Menschseins bis zur Kreuzigung (1 Kor 1,23; Phil 2,7–8; Hebr 5,8) und in der Eucharistiefeier.

Probleme der Inkulturation in Sri Lanka

Nur aus einer inneren, spirituellen Mitte vermochte Kardinal Ratzinger als Präfekt der Glaubenskongregation auch in einem neuen Ritenstreit, in einem falschen Verständnis der Inkulturation vor allem im Fernen Osten (Sri Lanka), die kirchliche Balance zu halten. Im Mittelpunkt dieser theologischen Auseinandersetzungen stand der hochverdiente und allseits in Sri Lanka verehrte Oblatenpater und langjährige Direktor des Sozialinstituts „Kirche und Gesellschaft" in Colombo, Tissa Balasuriya. Anlaß war sein Buch „Mary und Human Liberation" (1997; Maria und die menschliche Befreiung), in dem er sich für das Frauenpriestertum und die Verträglichkeit der katholischen Lehre vom Sündenfall mit dem asiatischen Gottesbegriff aussprach. Er war der erste Theologe, der nach dem Zweiten Vatikanischen Konzil ohne fairen, offenen Prozeß am 2. Januar 1997 vom Vatikan exkommuniziert wurde. Suspension und Exkommunikation wurden ausgesprochen 1997 – Suspension und Exkommunikation wurden zurückgenommen 1998. Der „Ketzer" wurde rehabilitiert (vgl. dazu die Veröffentlichung der Internationalen Theologenkommission vom 8. Oktober 1988 „Glaube und Inkulturation" sowie das Schreiben der Kongregation für die Glaubenslehre an die Bischöfe „über einige Aspekte der christlichen Meditation – de quibusdam rationibus christianae meditationis", 1989).

Über diese innerkirchlichen Nöte und Sorgen habe ich an meinen Freund Joseph geschrieben:

Über Deine besonderen, fernöstlichen Sorgen habe ich einiges gelesen in der Zeitschrift „Orientierung". Die Sri-Lanka-Theologie scheint doch weit über das Ziel der Inkulturation hinausgeschritten zu sein. Ich bin froh, daß in den deutschen Gazetten dieses schwierige Thema bisher noch nicht aufgegriffen und zerfetzt worden ist – zum Schaden unseres Glaubens und unserer Kirche. Da und dort wird in Gelehrtenkreisen von einem zweiten Ritenstreit wiederum im Fernen Osten gemunkelt. Lieber Joseph!
Wie ganz anders waren doch die Zeiten unmittelbar nach der Katastrophe des Zweiten Weltkrieges! Mir scheint, daß es leichter, wenn auch gefährlicher ist, Christ in einer antichristlichen Situation der Kirchenverfolgung zu sein, als Christ zu sein im Sumpf einer satten, liberalen und gleichgültigen Welt!
ALFRED LÄPPLE: BRIEF VOM 19. MÄRZ 1997

Das Anliegen des Katechismus

Das Elternhaus war für die Geschwister Maria, Georg und Joseph Ratzinger die erste und wichtigste Glaubens- und Gebetsschule. Hier lernten sie das Kreuzzeichen, das Vaterunser, das Gegrüßet seist du Maria, das Glaubensbekenntnis und den Rosenkranz. Selbst beim Geschirrspülen wurden Marienlieder gesungen, wie Domkapellmeister Georg Ratzinger verraten hat.

In der Volksschule hatte man das „Katholische Religionsbüchlein" mit eingestreuten Katechismussätzen, vor allem mit den einprägsamen Bilder von Philipp Schumacher, die den jugendlichen Glauben vertieften und prägten, in Händen.

Als Kaplan Anfang der 50er Jahre in der Pfarrei Heilig Blut in München-Bogenhausen hatte Joseph Ratzinger 16 Religionsstunden zu halten. Er begegnete dabei jenen Religionsbüchern, die ihm aus dem eigenen Religionsunterricht bekannt waren. Er schreibt, nach anfänglicher Mühe „wurde die Arbeit mit den Kindern in der Schule (jeweils an den Vormittagen), durch die sich natürlich auch die Begegnung mit den Eltern ergab, zu einer großen Freude." Immer deutlicher spürte er aber, daß der Weg seiner Berufung in Richtung der wissenschaftlichen Theolgie wies.

Das Thema Reiligionsunterricht und Gaubensverkündigung (in der Predigt wie in der Gemeindekatechese) begegnete ihm später mit höchster Dringlichkeit im katechetischen Umbruch als Erzbischof von München und Freising (ab 1977), vor allem in weltweiten Entscheidungen als Präfekt der Römischen Glaubenskongregation (ab 1982).

Er las in den Büchern der ihm nahestehenden Schriftsellerin Ida Friederike Görres (siehe oben S. 69):

Das Schweigen der lehramtlichen Obrigkeit bestürzt den Gläubigen angesichts der fröhlich wachsenden Ketzereien aller Schattierungen.

Es ist besser, wenn die Geister sich scheiden, als wenn Fünfte Kolonnen sich unerkannt unter uns bewegen.

Theologe ist nur, wer an dem Denken der Kirche *teilnimmt und es selbst auch tut – nicht es nur als Sportplatz zum Tummeln eigener Lieblingseinfälle und Theorien benützt.*
Ida Friederike Görres: Im Winter wächst das Brot, 1970, S. 44, 35, 64

Im 20. Jahrhundet, vor allem in Deutschland und Österreich (katechetische Zentren in München und Wien), geriet der schulische Religionunterricht ins Sturmzentrum der Kritik. Hugo Rahner (1900–1968) hat in seiner „Theologie der Verkündigung" (1939) imponierende didaktische Neusichten aufgezeigt. Es wurde ebenso um das Was (Didaktik) wie um das Wie (Methodik) gerungen.

Nach dem Zweiten Weltkrieg flammten die Debatten auf: Kann es weiterhin Religionsunterricht als ordentliches Lehrfach an öffentlichen Schulen geben? Die religionspädagogische Landschaft („Bekenntnisschule") veränderte sich tiefgreifend. Leistet der schulische Religionsunterricht bei der Verwirklichung der Demokratie einen Dienst an der pluralen Gesellschaft?

Nach dem Zweiten Vatikanischen Konzil (1962–1965) erfolgten – vor allem wegen der Infragestellung nicht weniger Glaubenswahrheiten – erregte Debatten über die „Inhalte", so daß man von einem dramatischen Jahrzehnt (1965–1975) sprechen muß. Vom Jahr 1968 an gab es wahre Curriculum-Schlachten und ein schmerzliches „Methoden-Fieber", von dem Konservative wie Progressive, Modernisten und Häretiker infiziert waren. Schließlich mußte man erkennen, daß das Curriculum – der Lehrplan – kein Zaubermittel ist und blickte verwundert auf das Schlachtfeld der Vergangenheit zurück.

In dieser turbulenten Phase hatte Kardinal Joseph Ratzinger, Präfekt der Glaubenskongregation, schwierige Sachentscheidungen und noch schwierigere Personalentscheidungen (Hans Küng, Leonardo Boff, Marcel Lefebvre) zu treffen.

Das Jahr 1983 war für den Präfekten der Glaubenskongregtion und Hüter der Wahrheit ein Jahr bitterer und schmerzlicher Entscheidungen, die großes Aufsehen erregten. In Frankreich echauffierte sich mancher über den „deutschen" Kardinal. Französische Katechetenverbände reagierten hart, und selbst Bischöfe meldeten sich protestierend zu Wort. Kardinal Ratzinger referierte in Lyon und Paris über neue, eben erst im Religionsunterricht eingeführte Schulbücher und fällte dabei das vernichtende Urteil: Diese Lehrbücher böten eine ...

... Katechese der Zerstückelung und ständig wechselnder Experimente ... Einige Katechismen und viele Katecheten lehren nicht mehr den katholischen Glauben in seiner harmonischen Ganzheit ... Ein erster schwerwiegender Fehler auf diesem Weg war es, den Katechismus abzuschaffen und ganz allgemein die Gattung Katechismus für überholt zu erklären.

JOSEPH CARDINAL RATZINGER: ZUR LAGE DES GLAUBENS, 1985, S. 72–73

Auch im deutschen und österreichischen Raum wurde der Katechismus von Religionspädagogen und Lehrplankommissionen als störend, altmodisch und überholt bewertet, als ein „Rückzug ins

Mittelalter" – ein Desaster. Der Katechismus – ein Buch, von dem man weiß, aber das man nicht liest. Es ging damals darum, den jungen Christen dort abzuholen, „wo er mit seinen Nöten und Problemen steht" – anthropologischer Ansatz.

Es war ein mutiger, dringend notwendiger Schritt des Papstes Johannes Paul II., einen neuen Katechismus erarbeiten zu lassen und damit das Schlußkapitel des Zweiten Vatikanischen Konzils zu schreiben. Nach einer Zeit von sechs Jahren weltweiter und gewissenhafter Arbeit, die Kardinal Joseph Ratzinger als Vorsitzender einer Kommission zu leisten hatte, konnte am 25. Juni 1992 Papst Johannes Paul II. den „Katechismus der katholischen Kirche" approbieren. Am 16. November 1992 wurde dieses katechetische Meisterwerk in Paris in französicher Sprache durch Kardinal Ratzinger der Öffentlichkeit präsentiert.

Das Anliegen des Katechismus ist die Einübung des Glaubens, die mit der Kindheit beginnt und mit der Kunst zu sterben endet. Es war dem Präfekten der Glaubenkongregation ein wichtiges und immer wieder angesprochenes Anliegen, die kirchliche Wurzel des christlichen Glaubens charmant und zur Nachahmung einladend aufzuzeigen:

Der Einzelne glaubt nicht aus Eigenem, sondern mitglaubend mit der Kirche ... Wer das Ich des Credo aufnimmt, tritt damit auch in dessen sakramentale Realisierung ein und in die geistige Prägung, die sie gewährt und verlangt.

Ganz anders, herber und nicht weniger glaubwürdig und tröstlich hat Karl Rahner ergänzend dazu gesagt:

Glaube ... ist auch dies: das Aushalten des Schwertes inmitten unseres Daseins. Dieses Schwert des Zwiespaltes im ganzen Leben trifft jeden, ob er will oder nicht ... Glaube ist es, wenn wir den Stoß des Schwertes in unserem Dasein annehmen, das Schwert der Frage, die keine Antwort mehr findet, das Schwert, daß alles Leben in seinem Schmerz im Tode endet, das Schwert, daß nicht einmal die Liebe in diesem Leben alle Widersprüche auflöst.

Glaube ist nach Papst Benedikt XVI. Geschenk, Anteilnahme am Mysterium. Glaube ist die Erfahrung, daß hinter der kenosis, der Entäußerung (Phil 2,7) des Gotteswortes im Menschenwort (Credo) und hinter dem Durchbruch der formulierten Glaubenswahrheiten die Begegnung mit der Liebe, der Wahrheit und dem Leben Gottes steht. Glaube ist der mühselige Weg des „Stückwerks" (1 Kor 13,9), der in die Schau „von Angesicht zu Angesicht" führt – hinein in das ewige Gespräch Gottes.

Glaube hat es nicht nur mit Sätzen und Formulierungen zu tun, sondern, wie es Ferdinand Ebner in seinem Werk „Das Wort ist der Weg" (1946) geschrieben hat: „das Vaterunser im rechten Sinn beten zu lernen, die Unendlichkeit des göttlichen Wortes in die Endlichkeit meiner Vernunft aufzunehmen" (S. 125).

Aus seiner eigenen Kindheit weiß Papst Benedikt XVI., welche bleibende Bedeutung der auswendig gelernte und inwendig gelebte Katechismus für sein Leben, seinen Glauben, gewiß auch für seine wissenschaftliche Theologie und bei der Abfassung seiner Bücher hatte: das vertraute und abrufbare Katechismuswissen als Ganzheit und Vollständigkeit der Inhalte wie als Abstimmung und Verknüpfung in der späteren, existentiell-dialogischen Vertiefung der „communio" (kirchlichen Gemeinschaft). Diese ganz persönliche Erfahrung hat gewiß den pastoralen Anlaß und die lebensgeschichtliche Dankbarkeit motiviert, noch als Auftrag des Papstes Johannes Paul II. eine Kurzfassung des neuen Katechismus zu erarbeiten und nach dessen Tod vorzulegen.

Die Patriotische Kirche Chinas

Noch größere Probleme als mit der Sri-Lanka-Theologie gibt es bis heute im kommunistischen China. In einem Interview mit der Katholischen Nachrichtenagentur in Rom hat Kardinal Ratzinger mit großer Sorge und mit noch größerem Einfühlungsvermögen hingewiesen auf die …

… Weihen in der sogenannten Patriotischen (Vereinigung) Kirche Chinas, die prinzipiell als gültig angesehen werden, obwohl dort

eine Art von explizitem schismatischen Bekenntnis vorlag: die aus-
drückliche Absage an Rom und die Einbindung in den Aufbau einer
sozialistischen Welt. Trotzdem kamen wir zu der Überzeugung, daß
die im übrigen sorgfältige und ungeschmälerte Anwendung des alten
Rituals den Willen ausdrückt, Bischöfe der katholischen Kirche zu
weihen und ihre Kontinuität nicht zu verlieren.

JOSEPH CARDINAL RATZINGER IN: DEUTSCHE TAGESPOST VOM 29. JULI 1989

Als Präfekt der Glaubenskongregation war Kardinal Joseph
Ratzinger bereits einbezogen in die Lösung der kirchlichen
Probleme, die sich seit der Kulturrevolution 1955 unter Mao
Tse-tung (1893–1976) ergeben haben. Er betrat als Papst Bene-
dikt XVI. kein Neuland, als er dem noch von seinem Vorgänger,
Papst Johannes Paul II., zum neuen Weihbischof der Diözese
Shanghai ernannten Joseph Xing Wenzhi am 28. Juni 2005 in
Shanghai sowohl mit seiner Genehmigung als auch mit Zustim-
mung der Regierung von Peking die Bischofsweihe erteilen ließ
(ohne daß während der Weihezeremonie die päpstliche Ernen-
nungsurkunde erwähnt und vorgelesen wurde).

Jeder Partner, der Vatikan und Peking, wußte um die Entscheidung des anderen Partners. Auf der Basis äußerst angespannter
beidseitiger Zurückhaltung, ja absoluter Diskretion beider Seiten war die Bischofsweihe am 28. Juni 2005 in Shanghai möglich (vgl. die Zeitschrift 30 Tage – 30 Giorni 23/2005, Nr. 8,
S. 44–57).

Gottes Wege sind gute Wege. In der „successio apostolica", der
ununterbrochenen Weitergabe der bischöflichen Gewalt durch
das Weihesakrament von den Aposteln bis heute, breitet Christus
seine Kirche bis an die Grenzen der Erde aus, auch dann, wenn
politische Machthaber die Barrikaden ihrer antichristlichen Ideo-
logien noch so hoch aufrichten.

Wie vielschichtig, kompliziert und zerbrechlich die Stellung
und Wirkmöglichkeit der katholischen Kirche in der Volksrepu-
blik China – trotz weniger Einzelfälle – geblieben ist, zeigen fol-
gende Daten. Am 24. März 2006 wurde der chinesische Bischof
von Hongkong Joseph Zen Ze-Kiun in Rom durch Papst Benedikt XVI. zum Kardinal kreiert. Fast zur gleichen Zeit wurden

zwei katholische Bischöfe in China, nämlich Ma Yinglin und Lin Xinghong auf Betreiben der regierungstreuen „Patriotischen Vereinigung" zu Bischöfen geweiht – ohne Erlaubnis des Papstes.

Seit 1951 gibt es keine diplomatischen Beziehungen zwischen dem Vatikan und Rotchina, jedoch zu Taiwan mit einem Apostolischen Präfekten. Rom lehnt die von Rotchina veranlaßten Bischofsweihen ab. Ist Rom bei neuen Verhandlungen bereit, sowohl bei Bischofsernennungen Rotchina ein Mitspracherecht einzuräumen als auch die diplomatischen Beziehungen mit Taiwan abzubrechen, um diplomatische Beziehungen zu Rotchina zu knüpfen?

Für die Katholiken der verfolgten Untergrundkirche ist nur schwer verständlich, daß der Vatikan mit Peking verhandelt. Die 13 Millionen Katholiken in 138 Diözesen Chinas sehen mit großer Besorgnis den gegenwärtigen und zukünftigen Verhandlungen bzw. Verhärtungen entgegen, die überaus kritisch und übersensibel sind, da der Vatikan volle Religionsfreiheit einfordert. Sind Verhandlungen in der gegenwärtigen Stunde zu früh oder zu spät? Beide Verhandlungspartner wollen ihre Wünsche durchsetzen und „ihr Gesicht nicht verlieren".

Aus deutscher Perspektive und bitterer Erfahrung läßt sich sagen: Wie wenig diplomatische Beziehungen, selbst abgeschlossene Konkordate mit totalitären Regimen taugen, zeigt die religiöse Unterdrückung im Dritten Reich, die Mißachtung der Menschenrechte und Grundfreiheiten – trotz Reichskonkordat vom 20. Juli 1933!

ANTWORT AUF DIE
STUDENTENREVOLTE 1968

Als an der Universität Tübingen 1968 die Studentenrevolte bis in die Hörsäle der Theologischen Fakultät und in die Vorlesungen des Dogmatikprofessors Joseph Ratzinger eskalierte, hat Professor Ratzinger das Gespräch mit den Randalierern abgelehnt und 1969 die Flucht aus Tübingen auf den Lehrstuhl in Regensburg angetreten.

Es war für den durchaus sensiblen und tiefgläubigen Dogmatikprofessor nicht nur eine Verletzung des Anstandes, sondern auch Ausfluß marxistischer und nihilistischer Ideen, wenn ihm in einer christologischen Vorlesung blasphemisch „Sadomasochismus" entgegengebrüllt wurde, als er vom Kreuzestod Jesu sprach.

Widerstand zur Erhaltung der Freiheit

In einem Interview in der „New York Times" hat sich Kardinal Ratzinger über die Krawalle an der Universität Tübingen und seine harte Haltung geäußert:

Ich verstand, daß es unmöglich ist, mit dem Terror zu diskutieren … und daß eine Diskussion mit dem Terror Zusammenarbeit bedeutet … In diesen Jahren lernte ich auch, wo die Diskussion abgebrochen werden muß, damit sie nicht in Lüge umschlägt, und wo der Widerstand zur Erhaltung der Freiheit beginnen muß.

In seiner Autobiographie „Aus meinem Leben (1998, S. 139, 150–152) hat Kardinal Ratzinger diese dramatischen Ereignisse festgehalten. Es war eine Zeit, in der an anderen deutschen Universitäten bei Asta-Wahlen Theologiestudenten die rote Fraktion „Spartakus" wählten.

Fast 30 Jahre später haben Philosophen wie Jürgen Habermas und André Glucksmann den Gesprächsabbruch gegenüber dem

*Kardinal Joseph Ratzinger beim Festvortrag der
Thomasfeier in der großen Aula der Universität Salzburg
am 14. März 1979*

Terror – wenn auch mit anderen Argumenten – als die einzig
richtige Reaktion bezeichnet und damit dem Verhalten des Tübinger Dogmatikprofessors Joseph Ratzinger in der 68er Studentenrevolte indirekt rechtgegeben.

Es ist an der Zeit, dem Terror im Tarngewand der Liebe,
der Harmonie, der Erneuerung und des Wohlstandes zu wi-
derstehen. Hat doch Jesus von Nazareth selbst gesagt: „Ich bin
nicht gekommen, den (faulen) Frieden zu bringen, sondern
das Schwert (der Wahrheit und der Klarheit)" (Mt 10,34).
Der französische Philosoph André Glucksmann schreibt fast

vier Jahrzehnte nach 68 in seinem Werk „Haß. Die Rückkehr einer elementaren Gewalt" (2005): „Der Haß kommt im Gewand der Liebe daher ... Der Hassende ist dem Liebenden überlegen, der nicht weiß, wie er auf den nackten Haß antworten soll." André Glucksmann sieht im Terrorismus im Letzten den Versuch des Menschen, sein zu wollen wie Gott (Gen 3,5) und seine Endlichkeit gewalttätig zu verneinen.

Die Tübinger Erfahrungen, die in dem absurden Vorwurf des „Sadomasochismus" gipfelten, hatten in Ratzingers Glauben und Beten einen kaum bekannten und doch zeitlich sehr benachbarten Nachhall. Schon als Theologieprofessor gehörte er zur Internationalen Theologenkommission (einer Päpstlichen Kommission der Römischen Kurie), deren Arbeit über „Die Einheit des Glaubens und der theologische Pluralismus" in der Sitzung vom 5. bis 11. Oktober 1972 in Rom mit großer Mehrheit verabschiedet wurde.

Identität und Sprachgestalt

Schon am Beginn der christlichen Mission durch die Apostel wurde das hebräisch-aramäische Urwort Jesu in die griechische Verkündigung und Schriftwerdung des Neuen Testaments inkulturiert. Unter der Fügung und Führung des Heiligen Geistes konnte die Identität des christlichen Glaubens beim Wechsel der Sprachgestalt erhalten bleiben.

Der Internationalen Theologenkommission lag ein ähnliches Sprach- und Denkproblem vor, das zu einem wichtigen Unterscheidungsprozeß führte. Die christliche Mission in Asien (erinnert sei an den Ritenstreit) mußte im Laufe vieler Enttäuschungen und Mißerfolge erkennen, daß nicht eine europäisch-westliche Exegese und Theologie, sondern das hebräisch-aramäische Urwort Jesu (Neues Testament) inkulturiert werden muß.

Die abendländische Christologie schöpft seit der Patristik aus der Kenosis des Gottmenschen (Phil 2,5–8). Die asiatische Theologie und Meditation sprach nun vom „Leiden Gottes" (Kazon Kitamori), vom Schmerz des göttlichen Vaters wie des

Heiligen Geistes. Diese neuen und unbekannten Aspekte mußten nun in der abendländischen Theologie rezipiert werden.
Oder wurden Leiden und Kreuzestod des menschgewordenen
Gottessohnes vom göttlichen Vater wie vom Heiligen Geist nur
teilnahmslos registriert?

Auf Grund asiatisch-fernöstlicher Anfragen und Anstöße
wurde im Abendland eine trinitarische Kreuzestheologie in
Gang gesetzt, etwa durch Jürgen Moltmann in seinem aufregenden und anregenden Werk „Der gekreuzigte Gott" (1972,
nahezu zeitgleich erschien von der Internationalen Theologenkommission das Buch „Die Einheit des Glaubens und der theologische Pluralismus", 1973).

In diesem leider kaum bekannten und doch theologisch wie
missionarisch so bedeutsamen Text sind in der VIII. These die
schmerzlichen Tübinger Erfahrungen des damaligen Dogmatikprofessors Joseph Ratzinger eingebracht, wie nach verweigerter Gesprächs- und Verständigungsbereitschaft die Kirche den
Glauben des einfachen Volkes (auch vor den Theologen) schützen muß (siehe gegenüberliegende Seite).

Mit der Übersiedlung von Tübingen an die Universität Regensburg ließen sich zwei Wünsche erfüllen. Professor Ratzinger, vertraut mit der bayerischen Mentalität und der Liberalitas
Bavariae, war endlich wieder an einer bayerischen Universität.
Er konnte außerdem dazu beitragen, dem geschwisterlichen
Trio in einem neuerbauten Haus im benachbarten, dörflichen
Pentling eine gemeinsame Heimat zu schenken, so daß er sagen
konnte: „Wir sind wieder daheim" – die Schwester Maria, die
seine Haushälterin war, und auch sein älterer Bruder Georg, seit
1964 Domkapellmeister der Regensburger Domspatzen.

In der kleinen Filialkirche St. Johannes der Täufer hat er an
Sonn- und Werktagen die heilige Mese gefeiert. In dem nahegelegenen Ziegetsdorfer Friedhof war die Grabstätte seiner Eltern, des am 25. August 1959 in Traunstein verstorbenen Vaters
Joseph Ratzinger wie seiner am 16. Dezember 1963 ebenfalls in
Traunstein verstorbenen Mutter Maria Ratzinger.

Die verstorbenen Eltern waren zunächst im Friedhof in
Traunstein bestattet worden. Ihre Überführung auf den Fried

hof von Ziegetsdorf bei Regensburg fand 1974 statt. Nachdem die Tochter Maria Ratzinger dieses Elterngrab für den Allerseelentag noch geschmückt hatte, ist sie selbst am 2. November 1991 in Regensburg gestorben und unter großer Anteilnahme im Elterngrab bestattet worden.

Recht und Pflicht der Kirche

Der Mann der leisen Töne, der auch gekennzeichnet ist durch die Kunst des Hörens, des Hinhörens und des Ernstnehmens, spricht in dem Werk „Die Einheit des Glaubens und der theologische Pluralismus" deutlich von der pastoralen Sorge und der seelsorglichen Verantwortung.

Wo die christliche Lehre in einer gravierend zweideutigen oder überhaupt mit dem kirchlichen Glauben unvereinbaren Weise dargestellt wird, hat die Kirche das Recht, den Irrtum als solchen zu kennzeichnen und die Pflicht, ihn auszuscheiden bis hin zur förmlichen Verwerfung der Häresie als letztem Mittel, um den Glauben des Gottesvolkes zu schützen.
JOSEPH RATZINGER: DIE EINHEIT DES GLAUBENS UND DER THEOLOGISCHE PLURALISMUS, 1973, S. 48 (VIII. THESE)

Kardinal Joseph Ratzinger hat aus den Tübinger Erfahrungen gelernt, „daß es unmöglich ist, mit dem Terror zu diskutieren … und wo der Widerstand zur Erhaltung der Freiheit beginnen muß". Ratzinger, der mit dem Herzen denkt, glaubt und handelt, weiß sich unter der Aufforderung:

Bleibe bei dem, was du gelernt und wovon du dich überzeugt hast … Verkünde das Wort, tritt dafür ein, ob man es hören will oder nicht. Denn es wird eine Zeit kommen, in der man die gesunde Lehre nicht erträgt, sondern sich nach eigenen Wünschen immer neue Lehrer sucht, die den Ohren schmeicheln; und man wird der Wahrheit nicht mehr Gehör schenken.
2. TIMOTHEUSBRIEF 3,14; 4,2–4

In einem Brief zu meinem 50jährigen Priesterjubiläum schrieb mir der damalige Präfekt der Glaubenskongregation, Kardinal Joseph Ratzinger, rückblickend auf die Studentenrevolte des Jahres 1968:

Seitdem ist nun ein halbes Jahrhundert vergangen, in dem die Geschichte sich in immer schnellerem Tempo fortbewegt hat. Den Hoffnungen und Aufbrüchen der Nachkriegszeit und des Konzils sind die ungeheuren Erschütterungen der späten sechziger und siebziger Jahre gefolgt. Wir haben den Triumphzug der marxistischen Ideologie in unserer akademischen Jugend ebenso erlebt wie das Zusammenbrechen der auf dieser Ideologie gebauten Regime und die Ratlosigkeit der liberalen Welt, deren eigene Leere erst so recht zum Vorschein kam, als sie vor der großen Möglichkeit stand, das vom Marxismus zurückgelassene Vakuum auszufüllen.
Joseph Cardinal Ratzinger: Brief vom 28. Juni 1997

Wie im Taufgelöbnis gibt es ein Ja zu Christus (Ich glaube) und ein Nein zum Bösen (Ich widersage). Der einfache Christ, der Priester und Theologieprofessor, der Bischof und Papst – leben, glauben, beten aus dem Ja!

Nicht wenige, die nach Krieg und Kriegsgefangenschaft Priester geworden sind, waren zutiefst betroffen, daß in höchster Not von einer „Strategie der Erfolgskirche" als Zielvorstellung gesprochen wurde. In einem Brief vom 19. März 1997, seinem Namenstag, versuchte ich Kardinal Joseph Ratzinger die Grundstimmung der katholischen Kirche in Deutschland zu schildern. Meinungsforschern und Unternehmensberatern wurden hohe Geldsummen bezahlt, um aus dem Stand der Gegenwart und dem wachsenden Priestermangel die „neue" Diözese, die „neue" Pfarrgemeinde, die „neuen" Pfarrbezirke wie auf einem riesigen Reißbrett zu erstellen.

Aus dem Text dieses Briefes:

Es geht ja nicht um uns, sondern um Gottes Ehre und um die Zukunft unserer Kirche! Will Gott mit uns oder ohne uns die Zukunft des Gottesreiches bauen? Findet Gott in unserem deutschen Volk

noch genügend Menschen mit jener inneren Bereitschaft und Be-
lastbarkeit, um das Ja des ungeteilten Dienstes und des Zölibats zu
sprechen und durchzuhalten? Es ist bisweilen erschütternd (wie
etwa die letzten Untersuchungsergebnisse in unserer Erzdiözese
belegen), daß eine pastorale Müdigkeit, Kommunikationsbrüche,
ungute Rivalitäten auch unter den hauptamtlich-bezahlten Laien-
kräften im kirchlichen Dienst das pastorale Klima verfrosten lassen.
Und dann werden in das Gedankenspiel der Zukunft noch die
Themen der Homosexuellen eingebracht, wobei man sich fragt, wie
lange wird es noch dauern, bis unser gutkatholisches Volk seine Wut
und Trauer herausschreit?
Ich habe in Deinem ausgezeichneten Buch „Salz der Erde" wieder-
holt gerade den letzten Abschnitt über die Zukunft der Kirche und
Kirche der Zukunft gelesen. Ich bin Dir von Herzen dankbar für
Deine überzeugende und wohltuende Offenheit, wenn Du von der
Minderheitenkirche sprichst, denn das Konstantinische Zeitalter
ist – trotz allem – vorbei.
Alfred Läpple: Brief vom 19. März 1997

Was in meinem Brief des Jahres 1997 geschildert wurde, hat wie
ein Schwelbrand zwischen Deutschland und Rom zu moraltheo-
logischen, pastoralen und ökumenischen Kontroversen geführt.
Erinnert sei an die Diskussion über die Enzyklika „Humanae
vitae" (über Ehe und Familie und die Problematik der Abtrei-
bung) von Papst Paul VI. (25. Juli 1968). Viele Fragen und Nöte
sind auf der Würzburger Synode (1971–1975) bereits angesprochen und als Anträge nach Rom abgesandt worden. „Unruhe-
herde" bleiben das pastorale Anliegen der wiederverheirateten
Geschiedenen und der Zulassung wiederverheirateter Geschie-
dener zu den Sakaramenten wie die Wünsche nach Frauenor-
dination, – die ökumenische Forderung der Interkommunion
und der Interzelebration, – die erregten Debatten bis hinein in
die katholischen Pfarrgemeinden über kirchliche Schwanger-
schaftsberatung und Beratungsschein (1999).

DER GEISTIG-GEISTLICHE VERSTÄNDIGUNGSSCHLÜSSEL IM VATIKAN

*Ein Porzellankruzifix – Abschiedsgeschenk des bayerischen Ministerpräsidenten
Franz Josef Strauß an Kardinal Joseph Ratzinger 1982*

Die Welt war überrascht, als Papst Johannes Paul II. den
Münchener Erzbischof und Kardinal Joseph Ratzinger
1982 zum Präfekten der Römischen Glaubenskongregation berufen hat.

Wie konnte eine Zusammenarbeit zwischen dem Papst aus Polen, der seit 1939 vom Widerstand gegen die deutsche Besatzung geprägt und auch von einem polnischen Messianismus inspiriert war, mit einem Präfekten der Glaubenskongregation, der das Kriegsende und den Zusammenbruch nationalistischer Verblendung als Deutscher erlebt hatte, funktionieren und im Interesse der katholischen Kirche erfolgreich sein?

In den Begegnungen und Gesprächen Wojtyla-Ratzinger „hat sich ein tiefer, innerer Einklang herausgestellt" (Joseph Ratzinger, Salz der Erde, 1996, S. 113). Kaum ist jedoch hinterfragt worden, warum und auf welcher philosophisch-theologischen Ebene dieser Zusammenklang möglich war. War Kardinal Ratzinger nur ein vortrefflicher Zuarbeiter zu den Gedanken, Ansprachen und Enzykliken des Papstes? Hat es auch Dissens und Widerspruch, ja wochenlanges Ringen in schwierigen Fällen und bei der endgültigen Formulierung gegeben?

Die personalistische Dimension

Die gemeinsame philosophisch-theologische Basis war bei beiden der Personalismus, der zunächst unabhängig voneinander in Polen als politisch-kulturelle Alternative zur sowjetisch-marxistischen Staatsherrschaft das Denken und die Zukunftshoffnung auf Freiheit bewegte. Joseph Ratzinger begegnete nach der Phase des Dritten Reiches während seines philosophisch-theologischen Studiums (1946–1950) dem personalistischen Denken in den Schriften von Sören Kierkegaard und Ferdinand Ebner, von Martin Buber und Theodor Steinbüchel, wie ich aus vielen Gesprächen mit ihm bestätigen kann.

Es war vor allem sein Doktorvater Gottlieb Söhngen, die Lektüre der Schriften von Henri de Lubac und die Begegnungen mit Hans Urs von Balthasar, die seinen Christenglauben, sein priesterliches Wirken, seine Vorlesungen und seine Veröffentlichungen entscheidend prägten. Ohne die personalistische Dimension ist Joseph Ratzinger als Christ, als Priester, als Professor, als Präfekt der Glaubenskongregation, als Buchautor und als Papst Benedikt XVI. nicht zu verstehen, nicht zu deuten.

Der dialogische Personalismus war der bleibende und sich gegenseitig verstärkende Grundakkord zwischen dem Papst aus Polen und dem Präfekten der Glaubenskongregation aus Deutschland. Dabei hatte jeder seine eigene, authentische Entwicklung zu gehen und Beglückungsgeschichte zu schreiben: Der Mensch ist nicht ein Etwas, nicht ein Es. Der Mensch ist ein Ich, das im Dialog sein Gegenüber als göttliches Du erfährt.

Edmund Husserl – Max Scheler

Karol Wojtyla, der 1948 im Angelicum in Rom bei dem Dominikaner Reginald Garrigou-Lagrange (1877–1964) promoviert hatte, ist über die Philosophie und Phänomenologie dem Personalismus in den Schriften der beiden deutschen Philosophen Edmund Husserl (1859–1938) und Max Scheler (1874–1928) begegnet.

Zu diesen beiden Philosophen einige Anmerkungen: Der jüdische Philosoph Edmund Husserl lehrte seit 1916 an der Universität Freiburg i. Br. Seine Schülerin und spätere Assistentin in Freiburg war Edith Stein. Husserls Nachfolger war 1929 Martin Heidegger, über den der spätere Kardinal Karl Lehmann 1962 seine 1485 Seiten starke Dissertation „Vom Ursprung und Sinn der Seinsfrage im Denken Martin Heideggers. Versuch einer Orientierung" vorgelegt hat. Marin Scheler hat als personalistischer Denker stürmische Umbrüche seines Denkens und Lebens erfahren und durchlitten. Höhepunkte seines philosophischen Ringens zeigen einige Titel seiner Veröffentlichungen auf: „Vom Umsturz der Werte" (1919), „Vom Ewigen im Menschen" (1921), „Der Mensch im Kosmos" (1928).

An der theologischen Fakultät in Krakau hat sich Karol Wojtyla 1953 habilitiert mit dem Thema: „Über die Möglichkeit, christliche Ethik auf den Grundlagen des Systems von Max Scheler aufzubauen". Er hat in seinen philosophischen Vorlesungen 1958/59 an der Katholischen Universität in Lublin wie in seinen Werken „Liebe und Verantwortung" (1960) und „Person und Tat" (1969) sein personalistisches Denken vorgelegt. Weitergeführt wurde diese Thematik in seinen späteren Werken über philosophische Ethik, Theologie des Leibes und Anthropologie.

Auch als Papst Johannes Paul II. hat er immer wieder die Würde und Einmaligkeit, die Einzigartigkeit, Unwiederholbarkeit und Unaustauschbarkeit wie Unantastbarkeit der Person herausgestellt. Wer von Gott spricht, spricht vom Menschen. Wer vom Menschen spricht, spricht immer auch von Gott, dessen Bild und Gleichnis der Mensch, jeder Mensch, auch der ungeborene Mensch und der Demente ist. Person ist Gabe und Hingabe – Erfüllung als Hingabe, als „Veritatis splendor" (Glanz der Wahrheit – wie eine 1993 von Papst Johannes Paul II. vorgelegte Enzyklika „über einige grundlegende Fragen der kirchlichen Morallehre" heißt).

Papst Johannes Paul II. hat in seinen Reden, in seiner Ausstrahlung und selbst noch in seinem Sterben Menschenrecht und Menschenwürde in ihrer personalistischen, sakramentalen und ethischen Dimension vorgelebt.

Auf dem Weltjugendtag in Köln (August 2005) verschwand Papst Benedikt XVI. hinter der unsichtbar gegenwärtigen und wirkenden zentralen Hauptgestalt Jesus Christus. Im Schlußgottesdienst am 21. August 2005 hat er in seiner Predigt die Orientierungsdaten: Freiheit – Wahrheit – Liebe angesprochen (ganz im Sinn des mit dem Wojtyla-Papst gemeinsamen Personalismus). Es ist die gleiche Haltung, wie sie Edith Stein vorgelebt und allen Christen empfohlen hat: „Es ist im Grunde immer eine kleine, einfache Wahrheit, die ich zu sagen habe: wie man es anfangen kann, an der Hand des Herrn zu leben."

MEHR ALS EIN SCHLUSSWORT

Ein Segen sollst du sein!

Kein Mensch kann sich seine Gene mit Chromosomen und den alles entscheidenden genetischen Informationen, seine Geschichtsepoche, seine Eltern, seine Heimat, seine Sprache und seinen Kulturkreis aussuchen.

Anschaulich und mit hoher Fachkompetenz hat Franz Büchner (Freiburg i. Br.) von der pränatalen Periode als einer „der großen Epochen des menschlichen Daseins" gesprochen. Er sprach vom vielstimmigen Chor der menschlichen Gemeinschaft, „das Lied unseres Lebens, das uns in der Partitur unserer Chromosomen geschrieben ist, nach unserer individuellen Art zu singen".

Jeder erhält sein Leben, seine Gesundheit, seine Begabung als Geschenk aus der Hand Gottes. Um es genauer zu sagen: als Geschenk Gottes in den positiven und negativen Brechungen, Veränderungen und Belastungen seiner vieltausendjährigen Genealogie (Gen 12,3; Ex 20,5).

Rückblickend entdeckt der katholische Geistliche seine Biografie im Panorama einer turbulenten Zeitgeschichte, einer sich wandelnden Theologie, eines neuen Priesterverständnisses wie eines engagierten Laientums in den Pfarrgemeinden und Diözesen.

Man erlebte als Student wie als Universitätsprofessor auch in der Theologie den harten Klimawandel des politischen Bildungsverständnisses, von der immer wieder zitierten Gesellschaftsrelevanz über die „Bildungskatastrophe" (Georg Picht, 1964) bis hin zur revolutionären Gewalt der Studentenrevolte an den deutschen Universitäten im Jahr 1968. Ausgelöst wurden diese durch die Studentendemonstrationen am 2. Juni 1967 in Berlin anläßlich des Besuches des persischen Kaiserpaars Schah Mohammed Reza Pahlewi und seiner Frau Farah Diba. Während dieser Demonstrationen in Berlin wurde der 26jährige Student Benno Ohnesorg durch den Kriminalbeamten Karl-Heinz Kurras erschossen.

Die Sinnfrage wurde reduziert auf die Frage nach dem Zweck. Bildungspolitische und auch religionspädagogische Zielsetzungen wurden gesellschaftspolitisch bestimmt. Der Priester wurde als Sozialfunktionär gesehen und konnte daher durch den Psychotherapeuten ersetzt werden. Man sprach von der „Strategie zum Erfolg". Wie aber läßt sich „Erfolg" im christlichen Glauben und Leben messen?

Der Kirchenhistoriker Joseph Lortz (1887–1975) kennzeichnete 1974 die kirchliche Situation mit den Worten: „Das Wort Häresie ist tabu geworden. Als Ersatz erfand man dafür ein anderes: Pluriformität."

Es war nach dem Zweiten Weltkrieg ein Geschenk Gottes, zu leben, zu überleben und nach einer Epoche, deren Geschichte mit Blut und Tränen geschrieben bleibt, zerlumpt und abgemagert heimzukehren. Der Heimkehrer im Jahr 1945 war ein „Anderer" geworden, seit er 1939 zu den Waffen gerufen worden war. Man konnte nicht einfach in den Büchern dort weiterlesen, wo man sie zu Beginn des Krieges zugemacht hatte. Es gab viele Hoffnungen, aber auch innere Befürchtungen: Werden die Professoren, die nicht im Krieg waren, in ihren Vorlesungen die Kriegsheimkehrer „verstehen" und deren Hoffnungen erfüllen? Passen Glaubensverständnis, Christus- und Kirchenbild zusammen oder gibt es herbe Enttäuschungen, die den Weg zum Priestertum erschweren, verbauen? In vielen Meditationen umkreisen wir das Thema: Warum hat Gott ausgerechnet mich gerettet, während andere gefallen und bis heute verschollen sind?

Es war genau die Gebetshaltung, die der uns damals unbekannte Charles de Foucauld (1858–1916), der seltsame und radikale Mystiker der Saharawüste, aufgezeichnet hat: „Wenn wir uns selbst suchen, verlieren wir uns … Gott, wenn es dich gibt, bewirke, daß ich dich erkenne."

Kaum hatte man seine Kriegserlebnisse verbunden mit seinem Glauben, mit seiner Theologie, stand man in der Zeit unmittelbar nach dem Zweiten Vatikanischen Konzil vor neuen Herausforderungen. Die wissenschaftliche Theologie setzte hinter viele

Themen der Bibel wie des Katechismus ein dickes Fragezeichen. Um bildlich zu reden: Vor manchem Hörsaal der theologischen Fakultät hing das Schild: „Wegen Umbau geschlossen"! Hat Sören Kierkegaard recht, wenn er schreibt: „Käme Christus jetzt zur Welt, würde er nicht totgeschlagen, sondern ausgelacht"? Schenkt Gott dem deutschen Volk noch eine Chance, eine letzte Chance? Ist jeder Priester nach 1945 gleichsam die ausgestreckte Hand Gottes, in die jeder Christ beherzt einschlagen soll?

Theologie wird zur Krisis, zum Wagnis des Theologen, des Priesters „in persona Christi" wie „in persona ecclesiae" – bei der Verkündigung des Gotteswortes, bei der Spendung der Sakramente, bei der Karitas gegenüber denen, die als Täter wie als Opfer unter die Räuber des Atheismus, des Kommunismus und Nationalsozialismus, des Liberalismus und Relativismus gefallen sind.

Sprach man früher von der Kirche als „societas perfecta" (vollkommene Gesellschaft), so lautet heute die meistzitierte Formel: „ecclesia semper reformanda" (stets zu erneuernde Kirche).

Es gibt heute eine tiefgreifende Unruhe. Was gestern noch als Fortschritt und als progressiv hochgepriesen wurde, ist rapid und schneller als das Grönlandeis abgeschmolzen. Aus „progressiv" wurde „innovativ". Die umjubelte „Moderne" schrumpfte in kurzer Zeit zur „Postmoderne" zusammen.

Innerhalb weniger Jahrzehnte hat sich die europäische Erfahrung und Bewertung von Zeit und Geschichte grundlegend gewandelt. Nach der Entzauberung von Technik und Rationalität ist geblieben ein fader Geschmack von Arbeitslosigkeit, Depression, Orientierungslosigkeit, Abschied vom Fortschritt.

Es wird langsam, aber immer umfassender und tiefer erkennbar, daß die Seele der Menschen verwundet ist. Nach langer Zeit leuchtet am Horizont der Lichtschimmer der Religion (Christentum, Judentum, Islam, Buddhismus), des Glaubens, der Spiritualität, der Stille und Meditation, der Mystik auf.

Die allzulang ungeliebten und ausgeklammerten theologischen Themen geraten wieder in den Blickwinkel der menschlichen Hoffnungen. Sind die Völker durch den technischen Fortschritt glücklicher, zufriedener, menschlicher geworden? Das Gespenst der Arbeitslosigkeit, das nicht nur in Europa umhergeht, ist es nicht die Hinterlassenschaft und der Bankrott des vielgepriesenen Fortschritts?

Welche Aufgabe, welchen Auftrag haben Glaube und religiöse Lebensdeutung im Weltgespräch der Gegenwart wie der Zukunft? Es kann als Fügung Gottes angesehen werden, daß genau in dieser Weltsituation an die Spitze der katholischen Kirche ein Papst Benedikt XVI. berufen wurde: Ein scharfsinniger Intellektueller mit Herz! Es ist wahrlich ein Unikat: Kein Papst der Kirchengeschichte hat vor seiner Wahl zum Petrusnachfolger so viel publiziert wie Benedikt XVI. In vielen Spitzengesprächen bereits als Kardinal mit Philosophen, Soziologen und Politikern unserer Zeit hat er die „Kultur des Relativismus", die Krise der Bedeutungslosigkeit, der Erschöpfung und Ratlosigkeit aufgedeckt. Papst Benedikt XVI. ist einer …

… der die offenbaren Schwächen der modernen Kultur, ihre Gefahren für die Seele des Menschen kennt und offenlegen wird; einer, der sich vom vermeintlichen Fortschritt nicht verblüffen läßt und den Wunderdingen der Moderne kühl ihren Zauber zu nehmen vermag; einer, der die Schönheit von Religion, Christentum und Kirche werbend dagegensetzt … Da schadet es nichts, wenn sich die Glücksbringer der Moderne mit den alten Weisheiten von Kirche, Christentum und Religion auseinandersetzen und vor dem Bewährten früherer Zeiten Rechenschaft ablegen müssen, ob sie es in allem besser können. Benedikt XVI. wird ihnen keine intellektuelle Unredlichkeit, kein hohles Pathos, keine Götzen auf tönernen Füßen durchgehen lassen.

Heinz-Joachim Fischer in: Frankfurter Allgemeine Zeitung vom 27. Juli 2005

Du hast nicht nur eine Botschaft – als Christ, als Priester. Du bist die Botschaft. „Du sollst ein Segen sein!" (Gen 12,2).

Was Joseph Ratzinger anläßlich seiner Bischofsweihe am 28. Mai 1977 im Dom zu München über das Bischofsamt ausgesprochen hat, gilt in umfassender Weise für seine Sorge und Verantwortung als Papst Benedikt XVI. für die Weltkirche:

Der Bischof handelt nicht im eigenen Namen, sondern er ist Treu-
händer eines anderen, Jesu Christi und seiner Kirche. Er ist nicht ein
Manager, ein Chef von eigenen Gnaden, sondern der Beauftragte des
anderen, für den er einsteht. Er kann daher auch nicht beliebig seine
Meinung wechseln und einmal für dies, einmal für jenes eintreten. Je
nachdem, wie es günstig erscheint. Er ist nicht da, seine Privatideen
auszubreiten, sondern er ist ein Gesandter, der eine Botschaft zu
überbringen hat, die größer ist als er. An dieser Treue wird er gemes-
sen, sie ist sein Auftrag.
Joseph Ratzinger in: Münchener Katholische Kirchenzeitung vom
5. Juni 1977

Geschehen auch heute noch Zeichen und Wunder?

Es war ein durch das Fernsehen weltweit sichtbares Zeichen
des Himmels und am Himmel, das sich am Spätnachmittag des
28. Mai 2006 deutlich über dem Gelände des Konzentrationslagers von Auschwitz-Birkenau abzeichnete! Selbst der kommen-
tierende Fernsehreporter erinnerte spontan an das Bibelwort:
„Steht der Bogen in den Wolken, so werde ich auf ihn sehen und
des Bundes gedenken zwischen Gott und allen lebenden Wesen"
(Gen 9,16). Der Regenbogen über Auschwitz-Birkenau, genau
dann, als Papst Benedikt XVI. diese Stätte des Grauens besuchte,
mit Überlebenden sprach und für die Opfer betete – ein Zeichen
der Versöhnung zwischen Deutschland und Polen – ein Ange-
bot der Versöhnung und des Friedens an die ganze Welt durch
Benedikt XVI., den Sohn und Papst aus Deutschland.